Humble Math

P9-DMB-623

Table of Contents

(Answer Key in Back)

ISBN: 978-1-63578-300-1
First Edition

Current contact information for Humble Math can be found at www.HumbleMathBooks.com

Day 1

Adding digits 0-5

Name: _____

Score: /60

Time: :

1. 1 + 4
2. 3 + 3
3. 2 + 2
4. 4 + 5
5. 3 + 0
6. 5 + 5

7. 3 + 3
8. 1 + 2
9. 3 + 1
10. 3 + 3
11. 2 + 4
12. 1 + 0

13. 5 + 4
14. 3 + 4
15. 5 + 1
16. 4 + 0
17. 5 + 4
18. 1 + 3

19. 1 + 2
20. 3 + 4
21. 2 + 0
22. 1 + 4
23. 0 + 0
24. 2 + 2

25. 5 + 5
26. 1 + 4
27. 4 + 3
28. 5 + 2
29. 2 + 2
30. 3 + 4

31. 1 + 1
32. 4 + 4
33. 5 + 1
34. 0 + 1
35. 5 + 4
36. 5 + 3

37. 4 + 0
38. 0 + 2
39. 4 + 2
40. 2 + 2
41. 4 + 1
42. 5 + 2

43. 3 + 1
44. 5 + 0
45. 5 + 3
46. 2 + 2
47. 4 + 4
48. 2 + 5

49. 3 + 4
50. 4 + 1
51. 2 + 5
52. 2 + 4
53. 1 + 3
54. 3 + 3

55. 2 + 5
56. 3 + 4
57. 1 + 5
58. 3 + 4
59. 1 + 0
60. 2 + 1

Name: _____

Score: /60

Time: :

1. $\begin{array}{r} 3 \\ +4 \\ \hline \end{array}$	2. $\begin{array}{r} 5 \\ +3 \\ \hline \end{array}$	3. $\begin{array}{r} 3 \\ +2 \\ \hline \end{array}$	4. $\begin{array}{r} 1 \\ +5 \\ \hline \end{array}$	5. $\begin{array}{r} 3 \\ +0 \\ \hline \end{array}$	6. $\begin{array}{r} 5 \\ +4 \\ \hline \end{array}$
7. $\begin{array}{r} 3 \\ +3 \\ \hline \end{array}$	8. $\begin{array}{r} 5 \\ +2 \\ \hline \end{array}$	9. $\begin{array}{r} 1 \\ +1 \\ \hline \end{array}$	10. $\begin{array}{r} 3 \\ +3 \\ \hline \end{array}$	11. $\begin{array}{r} 2 \\ +4 \\ \hline \end{array}$	12. $\begin{array}{r} 1 \\ +0 \\ \hline \end{array}$
13. $\begin{array}{r} 5 \\ +4 \\ \hline \end{array}$	14. $\begin{array}{r} 0 \\ +4 \\ \hline \end{array}$	15. $\begin{array}{r} 5 \\ +1 \\ \hline \end{array}$	16. $\begin{array}{r} 4 \\ +4 \\ \hline \end{array}$	17. $\begin{array}{r} 5 \\ +0 \\ \hline \end{array}$	18. $\begin{array}{r} 5 \\ +5 \\ \hline \end{array}$
19. $\begin{array}{r} 1 \\ +2 \\ \hline \end{array}$	20. $\begin{array}{r} 1 \\ +4 \\ \hline \end{array}$	21. $\begin{array}{r} 2 \\ +0 \\ \hline \end{array}$	22. $\begin{array}{r} 3 \\ +3 \\ \hline \end{array}$	23. $\begin{array}{r} 0 \\ +0 \\ \hline \end{array}$	24. $\begin{array}{r} 2 \\ +2 \\ \hline \end{array}$
25. $\begin{array}{r} 2 \\ +5 \\ \hline \end{array}$	26. $\begin{array}{r} 1 \\ +4 \\ \hline \end{array}$	27. $\begin{array}{r} 0 \\ +3 \\ \hline \end{array}$	28. $\begin{array}{r} 5 \\ +5 \\ \hline \end{array}$	29. $\begin{array}{r} 2 \\ +2 \\ \hline \end{array}$	30. $\begin{array}{r} 5 \\ +4 \\ \hline \end{array}$
31. $\begin{array}{r} 5 \\ +1 \\ \hline \end{array}$	32. $\begin{array}{r} 4 \\ +2 \\ \hline \end{array}$	33. $\begin{array}{r} 1 \\ +1 \\ \hline \end{array}$	34. $\begin{array}{r} 0 \\ +1 \\ \hline \end{array}$	35. $\begin{array}{r} 5 \\ +4 \\ \hline \end{array}$	36. $\begin{array}{r} 1 \\ +3 \\ \hline \end{array}$
37. $\begin{array}{r} 4 \\ +0 \\ \hline \end{array}$	38. $\begin{array}{r} 3 \\ +1 \\ \hline \end{array}$	39. $\begin{array}{r} 4 \\ +3 \\ \hline \end{array}$	40. $\begin{array}{r} 5 \\ +0 \\ \hline \end{array}$	41. $\begin{array}{r} 4 \\ +4 \\ \hline \end{array}$	42. $\begin{array}{r} 0 \\ +2 \\ \hline \end{array}$
43. $\begin{array}{r} 5 \\ +1 \\ \hline \end{array}$	44. $\begin{array}{r} 5 \\ +5 \\ \hline \end{array}$	45. $\begin{array}{r} 0 \\ +3 \\ \hline \end{array}$	46. $\begin{array}{r} 2 \\ +2 \\ \hline \end{array}$	47. $\begin{array}{r} 4 \\ +1 \\ \hline \end{array}$	48. $\begin{array}{r} 2 \\ +5 \\ \hline \end{array}$
49. $\begin{array}{r} 5 \\ +4 \\ \hline \end{array}$	50. $\begin{array}{r} 1 \\ +1 \\ \hline \end{array}$	51. $\begin{array}{r} 1 \\ +5 \\ \hline \end{array}$	52. $\begin{array}{r} 2 \\ +4 \\ \hline \end{array}$	53. $\begin{array}{r} 1 \\ +0 \\ \hline \end{array}$	54. $\begin{array}{r} 3 \\ +3 \\ \hline \end{array}$
55. $\begin{array}{r} 2 \\ +0 \\ \hline \end{array}$	56. $\begin{array}{r} 4 \\ +4 \\ \hline \end{array}$	57. $\begin{array}{r} 0 \\ +5 \\ \hline \end{array}$	58. $\begin{array}{r} 3 \\ +4 \\ \hline \end{array}$	59. $\begin{array}{r} 1 \\ +3 \\ \hline \end{array}$	60. $\begin{array}{r} 2 \\ +1 \\ \hline \end{array}$

Name: _____

Score: /60

Time: :

1. 2 +3	2. 5 +4	3. 2 +2	4. 1 +4	5. 2 +2	6. 1 +5
7. 4 +2	8. 5 +3	9. 2 +1	10. 5 +2	11. 2 +4	12. 3 +3
13. 5 +4	14. 0 +4	15. 5 +1	16. 4 +4	17. 5 +0	18. 1 +3
19. 1 +2	20. 3 +4	21. 2 +0	22. 5 +4	23. 0 +0	24. 3 +2
25. 2 +2	26. 1 +4	27. 0 +3	28. 5 +2	29. 4 +3	30. 5 +4
31. 1 +1	32. 4 +0	33. 5 +1	34. 0 +1	35. 5 +4	36. 3 +3
37. 4 +2	38. 3 +1	39. 4 +3	40. 5 +0	41. 4 +4	42. 2 +5
43. 0 +1	44. 2 +2	45. 0 +3	46. 5 +5	47. 1 +5	48. 3 +3
49. 5 +4	50. 1 +1	51. 1 +5	52. 2 +4	53. 4 +4	54. 2 +1
55. 3 +4	56. 0 +5	57. 3 +5	58. 4 +4	59. 1 +3	60. 2 +4

Day 4
Adding digits 0-5

Name: _____

Score: /60

Time: :

1. 5 +5
2. 5 +3
3. 2 +2
4. 1 +5
5. 3 +0
6. 1 +4

7. 1 +3
8. 5 +2
9. 1 +1
10. 0 +2
11. 4 +4
12. 1 +0

13. 5 +4
14. 0 +4
15. 5 +1
16. 2 +4
17. 5 +0
18. 1 +3

19. 1 +2
20. 3 +4
21. 3 +3
22. 5 +4
23. 0 +0
24. 3 +2

25. 5 +1
26. 1 +4
27. 0 +3
28. 5 +2
29. 2 +2
30. 5 +4

31. 3 +1
32. 4 +2
33. 5 +5
34. 0 +1
35. 5 +4
36. 3 +3

37. 4 +0
38. 1 +1
39. 4 +3
40. 5 +0
41. 4 +4
42. 0 +2

43. 4 +1
44. 5 +5
45. 0 +3
46. 2 +2
47. 5 +1
48. 4 +5

49. 5 +2
50. 1 +1
51. 1 +5
52. 2 +4
53. 1 +0
54. 3 +3

55. 4 +4
56. 0 +2
57. 0 +5
58. 3 +4
59. 1 +3
60. 2 +1

© Libro Studio LLC 2019

⏰ Day 5

Adding digits 0-5

Name: _____

Score: /60

Time: :

1. 3 $+3$	2. 5 $+3$	3. 1 $+1$	4. 1 $+5$	5. 3 $+0$	6. 5 $+5$
7. 1 $+4$	8. 5 $+2$	9. 4 $+4$	10. 5 $+0$	11. 4 $+2$	12. 3 $+3$
13. 3 $+2$	14. 3 $+4$	15. 3 $+3$	16. 5 $+5$	17. 0 $+0$	18. 1 $+4$
19. 1 $+2$	20. 3 $+4$	21. 2 $+0$	22. 5 $+4$	23. 4 $+0$	24. 3 $+2$
25. 2 $+2$	26. 5 $+4$	27. 0 $+3$	28. 5 $+2$	29. 5 $+5$	30. 4 $+1$
31. 4 $+4$	32. 1 $+2$	33. 5 $+3$	34. 3 $+1$	35. 0 $+4$	36. 3 $+3$
37. 0 $+2$	38. 3 $+1$	39. 4 $+3$	40. 5 $+0$	41. 4 $+4$	42. 4 $+0$
43. 4 $+1$	44. 2 $+2$	45. 0 $+3$	46. 5 $+5$	47. 5 $+1$	48. 2 $+5$
49. 1 $+5$	50. 2 $+3$	51. 4 $+5$	52. 2 $+4$	53. 1 $+0$	54. 3 $+3$
55. 3 $+4$	56. 4 $+1$	57. 2 $+5$	58. 2 $+0$	59. 1 $+3$	60. 2 $+1$

Day 6
Adding digits 0-5

1. 5 +2
2. 3 +3
3. 2 +2
4. 1 +5
5. 3 +0
6. 5 +5

7. 5 +3
8. 4 +1
9. 1 +1
10. 3 +3
11. 2 +4
12. 1 +3

13. 0 +4
14. 4 +4
15. 5 +1
16. 5 +4
17. 5 +0
18. 1 +0

19. 1 +2
20. 3 +4
21. 2 +0
22. 5 +4
23. 0 +0
24. 3 +2

25. 5 +4
26. 1 +4
27. 3 +3
28. 5 +2
29. 2 +2
30. 5 +5

31. 1 +1
32. 4 +2
33. 5 +1
34. 0 +1
35. 5 +4
36. 0 +3

37. 4 +4
38. 3 +1
39. 4 +0
40. 5 +0
41. 4 +3
42. 0 +2

43. 2 +2
44. 5 +5
45. 0 +3
46. 5 +1
47. 4 +1
48. 2 +5

49. 1 +0
50. 1 +1
51. 1 +5
52. 2 +4
53. 5 +4
54. 3 +3

55. 2 +1
56. 4 +4
57. 0 +5
58. 3 +4
59. 1 +3
60. 2 +0

Day 7

Adding digits 0-5

Name: _____

Score: /60

Time: :

1. 0 $+4$	2. 5 $+4$	3. 2 $+2$	4. 1 $+5$	5. 3 $+0$	6. 5 $+5$
7. 2 $+4$	8. 5 $+2$	9. 1 $+1$	10. 5 $+4$	11. 3 $+3$	12. 1 $+0$
13. 5 $+3$	14. 1 $+4$	15. 5 $+1$	16. 4 $+4$	17. 5 $+0$	18. 1 $+3$
19. 1 $+2$	20. 2 $+5$	21. 4 $+3$	22. 3 $+2$	23. 4 $+0$	24. 4 $+2$
25. 0 $+2$	26. 4 $+4$	27. 0 $+0$	28. 5 $+5$	29. 3 $+1$	30. 5 $+4$
31. 1 $+1$	32. 4 $+2$	33. 5 $+1$	34. 0 $+3$	35. 5 $+4$	36. 3 $+3$
37. 4 $+0$	38. 1 $+3$	39. 4 $+3$	40. 5 $+0$	41. 4 $+4$	42. 5 $+5$
43. 5 $+1$	44. 3 $+3$	45. 0 $+3$	46. 2 $+2$	47. 0 $+2$	48. 5 $+4$
49. 2 $+5$	50. 1 $+2$	51. 0 $+1$	52. 2 $+3$	53. 1 $+1$	54. 5 $+5$
55. 4 $+1$	56. 0 $+3$	57. 2 $+2$	58. 1 $+5$	59. 3 $+4$	60. 2 $+5$

© Libro Studio LLC 2019

Day 8
Adding digits 0-5

Name: _____

Score: /60

Time: :

1. 1 +0

2. 2 +4

3. 3 +3

4. 1 +5

5. 3 +0

6. 2 +2

7. 1 +3

8. 5 +2

9. 1 +1

10. 0 +4

11. 3 +5

12. 1 +4

13. 5 +4

14. 0 +4

15. 5 +1

16. 4 +4

17. 5 +0

18. 5 +5

19. 0 +0

20. 3 +4

21. 2 +0

22. 5 +4

23. 3 +3

24. 3 +2

25. 5 +5

26. 1 +4

27. 0 +3

28. 5 +2

29. 1 +2

30. 1 +4

31. 2 +2

32. 4 +2

33. 5 +1

34. 0 +1

35. 5 +4

36. 3 +3

37. 4 +5

38. 3 +1

39. 4 +3

40. 5 +0

41. 4 +4

42. 0 +2

43. 5 +1

44. 5 +5

45. 0 +3

46. 2 +2

47. 4 +1

48. 2 +5

49. 5 +4

50. 1 +1

51. 1 +5

52. 2 +4

53. 1 +0

54. 3 +3

55. 2 +0

56. 4 +4

57. 0 +5

58. 3 +4

59. 1 +3

60. 2 +1

© Libro Studio LLC 2019

Name: _____

Score: /60

Time: :

1. **1** **+ 6**	2. **4** **+ 3**	3. **7** **+ 7**	4. **1** **+ 5**	5. **3** **+ 0**	6. **5** **+ 6**
7. **3** **+ 6**	8. **5** **+ 2**	9. **4** **+ 1**	10. **7** **+ 3**	11. **2** **+ 4**	12. **1** **+ 0**
13. **5** **+ 4**	14. **0** **+ 4**	15. **5** **+ 1**	16. **7** **+ 4**	17. **5** **+ 0**	18. **1** **+ 3**
19. **7** **+ 2**	20. **3** **+ 4**	21. **2** **+ 0**	22. **5** **+ 4**	23. **6** **+ 6**	24. **3** **+ 2**
25. **7** **+ 5**	26. **1** **+ 7**	27. **0** **+ 3**	28. **5** **+ 2**	29. **6** **+ 2**	30. **5** **+ 4**
31. **1** **+ 1**	32. **4** **+ 2**	33. **7** **+ 6**	34. **0** **+ 1**	35. **5** **+ 4**	36. **3** **+ 3**
37. **4** **+ 0**	38. **3** **+ 1**	39. **4** **+ 3**	40. **5** **+ 0**	41. **4** **+ 4**	42. **0** **+ 2**
43. **5** **+ 1**	44. **5** **+ 5**	45. **0** **+ 3**	46. **7** **+ 2**	47. **4** **+ 1**	48. **2** **+ 5**
49. **6** **+ 3**	50. **1** **+ 1**	51. **1** **+ 5**	52. **2** **+ 4**	53. **1** **+ 0**	54. **7** **+ 3**
55. **4** **+ 4**	56. **6** **+ 1**	57. **0** **+ 5**	58. **3** **+ 4**	59. **1** **+ 3**	60. **2** **+ 1**

Name: _____

Score: /60

Time: :

1. 1 + 7	2. 5 + 5	3. 2 + 4	4. 1 + 5	5. 3 + 6	6. 1 + 1
7. 7 + 7	8. 5 + 2	9. 1 + 1	10. 3 + 7	11. 4 + 4	12. 1 + 6
13. 1 + 4	14. 6 + 4	15. 5 + 1	16. 2 + 6	17. 7 + 6	18. 1 + 3
19. 6 + 2	20. 5 + 4	21. 2 + 7	22. 5 + 6	23. 7 + 0	24. 3 + 2
25. 7 + 5	26. 1 + 4	27. 0 + 3	28. 5 + 2	29. 2 + 2	30. 7 + 4
31. 6 + 1	32. 4 + 2	33. 5 + 7	34. 6 + 1	35. 5 + 4	36. 3 + 3
37. 6 + 6	38. 3 + 5	39. 4 + 0	40. 5 + 3	41. 2 + 4	42. 6 + 7
43. 5 + 7	44. 5 + 5	45. 7 + 3	46. 2 + 2	47. 4 + 1	48. 2 + 5
49. 4 + 4	50. 7 + 7	51. 6 + 2	52. 2 + 3	53. 6 + 6	54. 3 + 6
55. 2 + 7	56. 4 + 4	57. 6 + 5	58. 5 + 4	59. 3 + 3	60. 6 + 7

Day 11
Adding digits 0-7

Name: _____

Score: /60   Time: :

1. 3 + 4
2. 1 + 6
3. 2 + 2
4. 1 + 5
5. 3 + 0
6. 6 + 5

7. 6 + 3
8. 5 + 2
9. 7 + 5
10. 6 + 2
11. 2 + 4
12. 3 + 7

13. 5 + 4
14. 6 + 7
15. 5 + 1
16. 4 + 4
17. 6 + 6
18. 1 + 3

19. 1 + 2
20. 3 + 4
21. 2 + 0
22. 5 + 4
23. 7 + 1
24. 3 + 2

25. 5 + 5
26. 1 + 4
27. 6 + 4
28. 5 + 2
29. 2 + 2
30. 5 + 4

31. 7 + 2
32. 4 + 2
33. 5 + 1
34. 0 + 1
35. 5 + 4
36. 3 + 3

37. 6 + 7
38. 3 + 1
39. 4 + 3
40. 5 + 0
41. 4 + 4
42. 7 + 7

43. 5 + 1
44. 5 + 5
45. 0 + 3
46. 2 + 2
47. 4 + 1
48. 2 + 5

49. 5 + 4
50. 1 + 1
51. 1 + 5
52. 2 + 4
53. 1 + 0
54. 3 + 3

55. 4 + 7
56. 4 + 4
57. 7 + 7
58. 3 + 4
59. 1 + 3
60. 2 + 1

© Libro Studio LLC 2019

Name: _____

Score: /60

Time: :

1. 7
    + 2

2. 1
    + 6

3. 5
    + 2

4. 1
    + 4

5. 3
    + 6

6. 3
    + 3

7. 6
    + 3

8. 5
    + 2

9. 1
    + 1

10. 4
    + 3

11. 5
    + 5

12. 1
    + 7

13. 0
    + 7

14. 6
    + 6

15. 2
    + 3

16. 5
    + 4

17. 7
    + 6

18. 5
    + 5

19. 6
    + 2

20. 3
    + 4

21. 2
    + 7

22. 5
    + 6

23. 4
    + 5

24. 3
    + 2

25. 2
    + 5

26. 0
    + 0

27. 4
    + 3

28. 5
    + 6

29. 7
    + 1

30. 4
    + 4

31. 6
    + 1

32. 4
    + 2

33. 5
    + 4

34. 0
    + 1

35. 5
    + 1

36. 3
    + 3

37. 4
    + 6

38. 3
    + 1

39. 4
    + 3

40. 5
    + 7

41. 4
    + 4

42. 7
    + 3

43. 5
    + 4

44. 6
    + 6

45. 1
    + 5

46. 2
    + 2

47. 4
    + 1

48. 3
    + 6

49. 0
    + 3

50. 7
    + 5

51. 5
    + 4

52. 1
    + 1

53. 7
    + 7

54. 4
    + 4

55. 2
    + 2

56. 3
    + 4

57. 6
    + 5

58. 3
    + 1

59. 6
    + 2

60. 4
    + 1

Day 13

Adding digits 0-7

Name: _____

Score: /60

Time: :

1. 3 +2	2. 7 +3	3. 2 +2	4. 1 +5	5. 6 +1	6. 5 +6
7. 6 +3	8. 5 +2	9. 1 +1	10. 3 +3	11. 2 +4	12. 7 +6
13. 5 +4	14. 7 +5	15. 5 +1	16. 4 +4	17. 5 +0	18. 1 +3
19. 0 +0	20. 3 +4	21. 2 +7	22. 5 +5	23. 6 +2	24. 3 +3
25. 7 +7	26. 1 +4	27. 0 +3	28. 5 +2	29. 6 +6	30. 5 +4
31. 1 +1	32. 4 +2	33. 5 +1	34. 0 +1	35. 5 +4	36. 3 +3
37. 6 +4	38. 3 +1	39. 4 +3	40. 5 +0	41. 4 +4	42. 0 +2
43. 5 +1	44. 5 +5	45. 7 +6	46. 2 +2	47. 4 +1	48. 2 +5
49. 1 +1	50. 4 +5	51. 1 +5	52. 2 +4	53. 1 +0	54. 3 +3
55. 7 +4	56. 4 +4	57. 0 +5	58. 3 +4	59. 1 +3	60. 2 +1

© Libro Studio LLC 2019

Name: _____

Score: /60

Time: :

1. $\begin{array}{r} 5 \\ +5 \\ \hline \end{array}$	2. $\begin{array}{r} 2 \\ +2 \\ \hline \end{array}$	3. $\begin{array}{r} 5 \\ +2 \\ \hline \end{array}$	4. $\begin{array}{r} 0 \\ +2 \\ \hline \end{array}$	5. $\begin{array}{r} 2 \\ +4 \\ \hline \end{array}$	6. $\begin{array}{r} 5 \\ +6 \\ \hline \end{array}$
7. $\begin{array}{r} 6 \\ +6 \\ \hline \end{array}$	8. $\begin{array}{r} 5 \\ +3 \\ \hline \end{array}$	9. $\begin{array}{r} 1 \\ +1 \\ \hline \end{array}$	10. $\begin{array}{r} 3 \\ +3 \\ \hline \end{array}$	11. $\begin{array}{r} 1 \\ +5 \\ \hline \end{array}$	12. $\begin{array}{r} 7 \\ +7 \\ \hline \end{array}$
13. $\begin{array}{r} 7 \\ +4 \\ \hline \end{array}$	14. $\begin{array}{r} 1 \\ +6 \\ \hline \end{array}$	15. $\begin{array}{r} 5 \\ +1 \\ \hline \end{array}$	16. $\begin{array}{r} 4 \\ +4 \\ \hline \end{array}$	17. $\begin{array}{r} 7 \\ +6 \\ \hline \end{array}$	18. $\begin{array}{r} 1 \\ +3 \\ \hline \end{array}$
19. $\begin{array}{r} 1 \\ +6 \\ \hline \end{array}$	20. $\begin{array}{r} 3 \\ +4 \\ \hline \end{array}$	21. $\begin{array}{r} 2 \\ +0 \\ \hline \end{array}$	22. $\begin{array}{r} 5 \\ +4 \\ \hline \end{array}$	23. $\begin{array}{r} 6 \\ +0 \\ \hline \end{array}$	24. $\begin{array}{r} 3 \\ +2 \\ \hline \end{array}$
25. $\begin{array}{r} 7 \\ +5 \\ \hline \end{array}$	26. $\begin{array}{r} 1 \\ +4 \\ \hline \end{array}$	27. $\begin{array}{r} 0 \\ +3 \\ \hline \end{array}$	28. $\begin{array}{r} 5 \\ +2 \\ \hline \end{array}$	29. $\begin{array}{r} 2 \\ +2 \\ \hline \end{array}$	30. $\begin{array}{r} 1 \\ +4 \\ \hline \end{array}$
31. $\begin{array}{r} 1 \\ +6 \\ \hline \end{array}$	32. $\begin{array}{r} 4 \\ +2 \\ \hline \end{array}$	33. $\begin{array}{r} 6 \\ +2 \\ \hline \end{array}$	34. $\begin{array}{r} 7 \\ +1 \\ \hline \end{array}$	35. $\begin{array}{r} 6 \\ +6 \\ \hline \end{array}$	36. $\begin{array}{r} 3 \\ +6 \\ \hline \end{array}$
37. $\begin{array}{r} 4 \\ +7 \\ \hline \end{array}$	38. $\begin{array}{r} 3 \\ +3 \\ \hline \end{array}$	39. $\begin{array}{r} 5 \\ +4 \\ \hline \end{array}$	40. $\begin{array}{r} 6 \\ +7 \\ \hline \end{array}$	41. $\begin{array}{r} 6 \\ +4 \\ \hline \end{array}$	42. $\begin{array}{r} 2 \\ +2 \\ \hline \end{array}$
43. $\begin{array}{r} 5 \\ +1 \\ \hline \end{array}$	44. $\begin{array}{r} 5 \\ +5 \\ \hline \end{array}$	45. $\begin{array}{r} 0 \\ +3 \\ \hline \end{array}$	46. $\begin{array}{r} 6 \\ +2 \\ \hline \end{array}$	47. $\begin{array}{r} 3 \\ +1 \\ \hline \end{array}$	48. $\begin{array}{r} 7 \\ +5 \\ \hline \end{array}$
49. $\begin{array}{r} 5 \\ +4 \\ \hline \end{array}$	50. $\begin{array}{r} 3 \\ +1 \\ \hline \end{array}$	51. $\begin{array}{r} 6 \\ +5 \\ \hline \end{array}$	52. $\begin{array}{r} 2 \\ +2 \\ \hline \end{array}$	53. $\begin{array}{r} 1 \\ +5 \\ \hline \end{array}$	54. $\begin{array}{r} 0 \\ +3 \\ \hline \end{array}$
55. $\begin{array}{r} 3 \\ +7 \\ \hline \end{array}$	56. $\begin{array}{r} 6 \\ +1 \\ \hline \end{array}$	57. $\begin{array}{r} 2 \\ +4 \\ \hline \end{array}$	58. $\begin{array}{r} 3 \\ +5 \\ \hline \end{array}$	59. $\begin{array}{r} 7 \\ +4 \\ \hline \end{array}$	60. $\begin{array}{r} 6 \\ +4 \\ \hline \end{array}$

Name: _____

Score: /60

Time: :

1. 2
   + 5

2. 1
   + 7

3. 2
   + 2

4. 1
   + 3

5. 4
   + 4

6. 5
   + 5

7. 1
   + 0

8. 5
   + 2

9. 7
   + 7

10. 3
    + 2

11. 2
    + 1

12. 3
    + 6

13. 5
    + 1

14. 6
    + 4

15. 5
    + 1

16. 7
    + 3

17. 2
    + 6

18. 7
    + 5

19. 1
    + 2

20. 3
    + 6

21. 2
    + 4

22. 1
    + 7

23. 5
    + 5

24. 3
    + 3

25. 5
    + 5

26. 1
    + 4

27. 7
    + 4

28. 5
    + 2

29. 2
    + 2

30. 5
    + 4

31. 7
    + 2

32. 4
    + 2

33. 5
    + 1

34. 6
    + 7

35. 6
    + 0

36. 3
    + 5

37. 7
    + 7

38. 3
    + 1

39. 4
    + 3

40. 6
    + 1

41. 4
    + 4

42. 7
    + 6

43. 5
    + 1

44. 5
    + 5

45. 0
    + 3

46. 2
    + 2

47. 4
    + 1

48. 2
    + 5

49. 5
    + 4

50. 4
    + 2

51. 1
    + 5

52. 4
    + 4

53. 6
    + 6

54. 1
    + 3

55. 7
    + 5

56. 2
    + 3

57. 6
    + 2

58. 3
    + 4

59. 1
    + 2

60. 3
    + 3

Name: _____

Score: /60

Time: :

1. 6 +7	2. 2 +3	3. 2 +2	4. 6 +5	5. 7 +2	6. 5 +3
7. 3 +3	8. 5 +2	9. 1 +1	10. 3 +3	11. 2 +4	12. 1 +0
13. 4 +4	14. 7 +5	15. 5 +1	16. 6 +4	17. 7 +7	18. 1 +3
19. 1 +2	20. 3 +4	21. 7 +4	22. 5 +4	23. 7 +1	24. 3 +2
25. 6 +6	26. 1 +4	27. 6 +3	28. 5 +2	29. 2 +2	30. 5 +4
31. 1 +1	32. 7 +2	33. 5 +2	34. 0 +1	35. 5 +4	36. 3 +3
37. 7 +0	38. 3 +1	39. 4 +3	40. 5 +0	41. 4 +4	42. 7 +6
43. 7 +3	44. 5 +5	45. 6 +2	46. 2 +2	47. 4 +1	48. 2 +5
49. 5 +4	50. 1 +1	51. 6 +5	52. 2 +4	53. 6 +0	54. 5 +3
55. 6 +1	56. 0 +7	57. 2 +4	58. 5 +4	59. 1 +3	60. 2 +1

Day 17
Adding digits 0-10

Name: _____

Score: /60   Time: :

1. 6 +2
2. 8 +8
3. 7 +5
4. 1 +5
5. 4 +9
6. 8 +5

7. 7 +4
8. 5 +2
9. 1 +7
10. 3 +3
11. 2 +4
12. 4 +8

13. 9 +3
14. 6 +6
15. 5 +1
16. 4 +4
17. 6 +3
18. 10 +3

19. 1 +2
20. 3 +4
21. 9 +7
22. 5 +4
23. 8 +3
24. 9 +2

25. 8 +6
26. 1 +6
27. 0 +9
28. 5 +2
29. 9 +5
30. 5 +4

31. 1 +9
32. 4 +2
33. 5 +1
34. 10 +1
35. 5 +4
36. 7 +7

37. 7 +2
38. 10 +10
39. 4 +3
40. 7 +8
41. 4 +4
42. 8 +2

43. 6 +9
44. 5 +5
45. 0 +3
46. 2 +2
47. 4 +6
48. 2 +5

49. 8 +8
50. 7 +6
51. 1 +5
52. 2 +4
53. 1 +0
54. 9 +8

55. 8 +1
56. 9 +9
57. 10 +5
58. 3 +7
59. 1 +3
60. 6 +5

© Libro Studio LLC 2019

Day 18
Adding digits 0-10

Name: _____

Score: /60

Time: :

1. 10 + 8
2. 1 + 8
3. 2 + 9
4. 6 + 4
5. 3 + 7
6. 8 + 6

7. 7 + 9
8. 5 + 2
9. 10 + 10
10. 3 + 4
11. 5 + 5
12. 6 + 7

13. 8 + 4
14. 10 + 4
15. 5 + 1
16. 4 + 4
17. 9 + 0
18. 1 + 6

19. 9 + 3
20. 3 + 4
21. 6 + 5
22. 5 + 4
23. 7 + 1
24. 3 + 2

25. 7 + 2
26. 1 + 4
27. 0 + 8
28. 5 + 2
29. 2 + 2
30. 5 + 4

31. 8 + 8
32. 4 + 2
33. 5 + 5
34. 9 + 5
35. 5 + 8
36. 3 + 3

37. 4 + 0
38. 6 + 6
39. 2 + 3
40. 9 + 4
41. 4 + 7
42. 8 + 2

43. 8 + 3
44. 9 + 4
45. 4 + 3
46. 7 + 2
47. 4 + 10
48. 9 + 8

49. 6 + 2
50. 9 + 9
51. 3 + 5
52. 2 + 1
53. 5 + 7
54. 3 + 3

55. 8 + 7
56. 4 + 4
57. 9 + 3
58. 6 + 4
59. 10 + 3
60. 9 + 1

© Libro Studio LLC 2019

Name: _____

Score: /60

Time: :

1. 10
+ 0

2. 6
+ 8

3. 2
+ 2

4. 1
+ 9

5. 4
+ 7

6. 9
+ 5

7. 3
+ 3

8. 5
+ 2

9. 4
+ 6

10. 3
+ 1

11. 7
+ 8

12. 9
+ 0

13. 5
+ 4

14. 9
+ 2

15. 1
+ 8

16. 4
+ 6

17. 7
+ 7

18. 1
+ 6

19. 0
+ 0

20. 3
+ 4

21. 2
+ 0

22. 9
+ 4

23. 4
+ 8

24. 3
+ 7

25. 9
+ 3

26. 8
+ 9

27. 0
+ 3

28. 6
+ 2

29. 2
+ 2

30. 5
+ 4

31. 1
+ 1

32. 6
+ 2

33. 6
+ 7

34. 3
+ 8

35. 5
+ 4

36. 9
+ 4

37. 1
+ 3

38. 3
+ 7

39. 4
+ 3

40. 5
+ 10

41. 1
+ 5

42. 7
+ 2

43. 9
+ 6

44. 5
+ 5

45. 0
+ 3

46. 5
+ 8

47. 4
+ 1

48. 2
+ 5

49. 5
+ 4

50. 6
+ 6

51. 7
+ 5

52. 2
+ 4

53. 9
+ 7

54. 3
+ 3

55. 2
+ 8

56. 5
+ 6

57. 9
+ 9

58. 3
+ 4

59. 6
+ 3

60. 10
+ 10

Day 20

Adding digits 0-10

Name: _____

Score: /60

Time: :

1. 6 +6	2. 6 +1	3. 2 +2	4. 1 +9	5. 7 +2	6. 10 +10
7. 7 +4	8. 5 +2	9. 1 +7	10. 8 +3	11. 2 +4	12. 9 +2
13. 5 +4	14. 9 +6	15. 7 +7	16. 4 +4	17. 8 +8	18. 6 +5
19. 9 +3	20. 3 +4	21. 2 +10	22. 5 +4	23. 7 +6	24. 3 +2
25. 5 +5	26. 1 +4	27. 8 +4	28. 5 +2	29. 2 +2	30. 5 +9
31. 8 +2	32. 4 +6	33. 5 +1	34. 7 +3	35. 8 +7	36. 3 +3
37. 6 +2	38. 3 +1	39. 4 +9	40. 6 +10	41. 4 +4	42. 0 +2
43. 5 +1	44. 5 +5	45. 6 +6	46. 9 +7	47. 8 +5	48. 2 +5
49. 5 +4	50. 1 +1	51. 1 +5	52. 2 +4	53. 1 +0	54. 3 +3
55. 9 +8	56. 7 +5	57. 6 +3	58. 3 +4	59. 8 +6	60. 8 +1

© Libro Studio LLC 2019

Name: _____

Score: /60

Time: :

1. 9 + 9

2. 8 + 6

3. 2 + 7

4. 8 + 5

5. 3 + 6

6. 6 + 6

7. 3 + 3

8. 5 + 2

9. 6 + 1

10. 7 + 3

11. 2 + 4

12. 9 + 8

13. 5 + 1

14. 7 + 7

15. 5 + 4

16. 4 + 4

17. 8 + 3

18. 1 + 3

19. 0 + 0

20. 3 + 4

21. 2 + 9

22. 5 + 4

23. 8 + 7

24. 3 + 2

25. 9 + 7

26. 7 + 4

27. 6 + 5

28. 5 + 2

29. 10 + 2

30. 8 + 4

31. 8 + 2

32. 4 + 2

33. 7 + 1

34. 0 + 1

35. 5 + 4

36. 9 + 6

37. 4 + 6

38. 3 + 8

39. 4 + 3

40. 5 + 0

41. 4 + 4

42. 7 + 5

43. 5 + 9

44. 8 + 1

45. 0 + 7

46. 2 + 2

47. 4 + 1

48. 9 + 1

49. 10 + 10

50. 10 + 1

51. 6 + 5

52. 3 + 4

53. 9 + 4

54. 6 + 3

55. 9 + 3

56. 4 + 4

57. 7 + 6

58. 5 + 4

59. 8 + 8

60. 2 + 3

Name: _____

Score: /60

Time: :

1. 1 +3	2. 7 +7	3. 2 +2	4. 1 +8	5. 9 +5	6. 7 +3
7. 9 +9	8. 5 +2	9. 9 +6	10. 3 +3	11. 2 +4	12. 1 +10
13. 8 +0	14. 8 +8	15. 5 +1	16. 8 +2	17. 9 +3	18. 1 +3
19. 7 +4	20. 3 +4	21. 2 +0	22. 5 +4	23. 8 +7	24. 3 +2
25. 9 +2	26. 1 +4	27. 9 +7	28. 5 +2	29. 2 +2	30. 5 +4
31. 1 +1	32. 4 +2	33. 5 +1	34. 0 +10	35. 9 +4	36. 9 +8
37. 4 +8	38. 3 +1	39. 4 +3	40. 5 +0	41. 4 +4	42. 7 +6
43. 5 +1	44. 5 +5	45. 8 +6	46. 7 +2	47. 4 +1	48. 2 +5
49. 5 +7	50. 9 +8	51. 2 +3	52. 7 +7	53. 1 +6	54. 9 +3
55. 3 +8	56. 9 +10	57. 5 +5	58. 3 +6	59. 8 +7	60. 4 +4

Name: _____

Score: /60

Time: :

1. 6 +4

2. 5 +8

3. 7 +6

4. 1 +5

5. 8 +3

6. 6 +6

7. 9 +9

8. 5 +2

9. 0 +0

10. 6 +8

11. 2 +4

12. 9 +7

13. 7 +4

14. 0 +8

15. 5 +3

16. 7 +4

17. 8 +9

18. 1 +8

19. 1 +6

20. 3 +4

21. 6 +0

22. 5 +9

23. 7 +7

24. 3 +2

25. 5 +5

26. 1 +9

27. 0 +3

28. 5 +2

29. 8 +7

30. 5 +6

31. 8 +2

32. 4 +2

33. 9 +8

34. 9 +2

35. 5 +4

36. 7 +5

37. 2 +7

38. 3 +6

39. 4 +3

40. 5 +0

41. 4 +4

42. 9 +6

43. 6 +3

44. 5 +7

45. 10 +3

46. 2 +6

47. 8 +1

48. 7 +7

49. 5 +9

50. 9 +4

51. 1 +5

52. 2 +4

53. 7 +3

54. 3 +3

55. 8 +8

56. 10 +4

57. 9 +3

58. 3 +4

59. 1 +7

60. 2 +1

Day 24
Adding digits 0-10

Name: _____

Score: /60

Time: :

1. 10 + 7	2. 8 + 4	3. 7 + 2	4. 9 + 1	5. 3 + 7	6. 8 + 5
7. 10 + 3	8. 6 + 6	9. 9 + 7	10. 9 + 3	11. 2 + 6	12. 9 + 0
13. 5 + 4	14. 7 + 7	15. 5 + 1	16. 4 + 4	17. 5 + 3	18. 7 + 4
19. 7 + 1	20. 3 + 4	21. 2 + 9	22. 6 + 4	23. 5 + 0	24. 8 + 2
25. 8 + 3	26. 8 + 8	27. 9 + 3	28. 5 + 2	29. 2 + 2	30. 5 + 4
31. 7 + 6	32. 4 + 9	33. 5 + 1	34. 0 + 1	35. 5 + 4	36. 8 + 6
37. 9 + 5	38. 3 + 1	39. 4 + 3	40. 6 + 1	41. 4 + 4	42. 9 + 6
43. 5 + 1	44. 5 + 5	45. 9 + 8	46. 2 + 7	47. 4 + 1	48. 7 + 8
49. 0 + 0	50. 1 + 6	51. 7 + 5	52. 2 + 4	53. 9 + 6	54. 6 + 3
55. 9 + 9	56. 6 + 5	57. 1 + 8	58. 3 + 4	59. 1 + 3	60. 2 + 1

Day 25

Adding digits 0-10

© Libro Studio LLC 2019

Name: _____

Score: /60

Time: :

1. 7 + 3
2. 8 + 1
3. 5 + 2
4. 6 + 2
5. 8 + 0
6. 8 + 5

7. 9 + 2
8. 5 + 2
9. 1 + 1
10. 8 + 8
11. 9 + 7
12. 7 + 2

13. 5 + 4
14. 6 + 6
15. 5 + 7
16. 6 + 6
17. 4 + 0
18. 8 + 2

19. 8 + 4
20. 3 + 4
21. 9 + 6
22. 5 + 4
23. 7 + 1
24. 7 + 7

25. 7 + 4
26. 1 + 4
27. 10 + 3
28. 7 + 8
29. 6 + 3
30. 9 + 8

31. 8 + 6
32. 4 + 4
33. 5 + 1
34. 0 + 1
35. 5 + 9
36. 8 + 3

37. 9 + 9
38. 3 + 6
39. 4 + 3
40. 5 + 0
41. 6 + 4
42. 0 + 2

43. 5 + 1
44. 6 + 8
45. 7 + 5
46. 9 + 1
47. 4 + 1
48. 6 + 5

49. 1 + 3
50. 8 + 8
51. 6 + 5
52. 2 + 7
53. 3 + 5
54. 7 + 6

55. 2 + 10
56. 9 + 4
57. 3 + 3
58. 7 + 3
59. 9 + 9
60. 2 + 1

Day 26

Adding digits 0-10

Name: _____

Score: /60

Time: :

1.	2.	3.	4.	5.	6.
7 + 7	5 + 3	6 + 8	2 + 7	9 + 1	8 + 8

7.	8.	9.	10.	11.	12.
3 + 5	6 + 4	7 + 6	4 + 8	5 + 5	9 + 6

13.	14.	15.	16.	17.	18.
9 + 2	0 + 4	7 + 9	8 + 2	5 + 0	6 + 5

19.	20.	21.	22.	23.	24.
1 + 7	9 + 8	10 + 10	5 + 4	7 + 8	3 + 8

25.	26.	27.	28.	29.	30.
5 + 5	3 + 4	6 + 2	9 + 3	2 + 2	7 + 1

31.	32.	33.	34.	35.	36.
9 + 4	2 + 8	5 + 1	7 + 3	5 + 4	6 + 6

37.	38.	39.	40.	41.	42.
5 + 7	6 + 1	4 + 3	5 + 8	9 + 9	0 + 2

43.	44.	45.	46.	47.	48.
5 + 1	6 + 3	0 + 3	2 + 2	4 + 1	2 + 5

49.	50.	51.	52.	53.	54.
2 + 4	8 + 3	8 + 6	7 + 4	5 + 3	9 + 5

55.	56.	57.	58.	59.	60.
8 + 1	9 + 7	0 + 5	3 + 4	1 + 6	7 + 7

© Libro Studio LLC 2019

Name: _____

Score: /60

Time: :

1. 8 + 2

2. 9 + 8

3. 6 + 5

4. 1 + 9

5. 3 + 10

6. 5 + 5

7. 6 + 0

8. 4 + 2

9. 1 + 8

10. 9 + 3

11. 7 + 4

12. 8 + 3

13. 5 + 4

14. 7 + 8

15. 5 + 1

16. 4 + 4

17. 5 + 0

18. 6 + 6

19. 7 + 9

20. 3 + 4

21. 7 + 10

22. 8 + 8

23. 9 + 9

24. 3 + 2

25. 9 + 3

26. 1 + 4

27. 6 + 6

28. 5 + 2

29. 1 + 6

30. 8 + 4

31. 8 + 8

32. 6 + 2

33. 5 + 9

34. 4 + 1

35. 10 + 10

36. 8 + 3

37. 4 + 4

38. 3 + 6

39. 4 + 3

40. 9 + 6

41. 6 + 4

42. 8 + 5

43. 9 + 8

44. 7 + 5

45. 6 + 3

46. 2 + 8

47. 4 + 5

48. 9 + 5

49. 5 + 2

50. 8 + 6

51. 9 + 7

52. 6 + 2

53. 8 + 4

54. 3 + 2

55. 2 + 9

56. 7 + 8

57. 1 + 5

58. 9 + 4

59. 6 + 6

60. 2 + 6

Day 28
Adding digits 0-10

Name: _____

Score: /60

Time: :

1. 3 + 6	2. 8 + 2	3. 7 + 5	4. 9 + 6	5. 2 + 7	6. 6 + 6
7. 2 + 9	8. 5 + 2	9. 9 + 3	10. 3 + 5	11. 8 + 3	12. 9 + 6
13. 5 + 4	14. 7 + 3	15. 5 + 8	16. 4 + 4	17. 5 + 0	18. 8 + 3
19. 7 + 8	20. 9 + 4	21. 2 + 6	22. 7 + 4	23. 8 + 8	24. 9 + 7
25. 5 + 5	26. 1 + 4	27. 4 + 10	28. 5 + 2	29. 2 + 2	30. 5 + 4
31. 8 + 1	32. 4 + 6	33. 5 + 9	34. 8 + 1	35. 5 + 7	36. 3 + 3
37. 9 + 9	38. 3 + 1	39. 4 + 3	40. 5 + 9	41. 4 + 8	42. 10 + 10
43. 5 + 6	44. 8 + 7	45. 4 + 3	46. 10 + 2	47. 7 + 1	48. 9 + 5
49. 5 + 8	50. 9 + 9	51. 6 + 5	52. 7 + 4	53. 1 + 9	54. 9 + 8
55. 2 + 9	56. 4 + 4	57. 10 + 10	58. 3 + 4	59. 8 + 8	60. 7 + 6

Name: _____

Score: /60

Time: :

1. 6
   + 6

2. 7
   + 7

3. 7
   + 1

4. 2
   + 5

5. 3
   + 4

6. 2
   + 6

7. 9
   + 3

8. 5
   + 2

9. 1
   + 9

10. 5
    + 5

11. 8
    + 4

12. 9
    + 5

13. 7
    + 4

14. 6
    + 1

15. 5
    + 8

16. 5
    + 4

17. 7
    + 2

18. 6
    + 6

19. 8
    + 7

20. 6
    + 5

21. 3
    + 8

22. 8
    + 9

23. 5
    + 5

24. 3
    + 6

25. 0
    + 0

26. 3
    + 9

27. 7
    + 1

28. 5
    + 2

29. 2
    + 2

30. 5
    + 4

31. 9
    + 9

32. 4
    + 9

33. 5
    + 1

34. 7
    + 9

35. 5
    + 4

36. 3
    + 7

37. 4
    + 6

38. 3
    + 1

39. 4
    + 3

40. 5
    + 0

41. 4
    + 4

42. 8
    + 6

43. 5
    + 1

44. 5
    + 7

45. 8
    + 2

46. 10
    + 2

47. 4
    + 1

48. 2
    + 9

49. 3
    + 9

50. 1
    + 6

51. 8
    + 9

52. 6
    + 7

53. 2
    + 8

54. 7
    + 3

55. 9
    + 6

56. 4
    + 4

57. 10
    + 10

58. 3
    + 4

59. 6
    + 7

60. 2
    + 1

Name: _____

Score: /60

Time: :

1. 10
   + 3

2. 7
   + 5

3. 4
   + 8

4. 9
   + 2

5. 10
   + 10

6. 8
   + 7

7. 5
   + 3

8. 7
   + 9

9. 10
   + 1

10. 5
    + 8

11. 6
    + 6

12. 9
    + 8

13. 5
    + 4

14. 8
    + 2

15. 5
    + 1

16. 4
    + 4

17. 5
    + 8

18. 1
    + 6

19. 9
    + 6

20. 8
    + 1

21. 4
    + 1

22. 5
    + 4

23. 7
    + 4

24. 5
    + 8

25. 8
    + 1

26. 6
    + 8

27. 4
    + 9

28. 10
    + 4

29. 2
    + 2

30. 5
    + 4

31. 9
    + 3

32. 8
    + 1

33. 6
    + 6

34. 7
    + 2

35. 5
    + 9

36. 9
    + 9

37. 7
    + 0

38. 9
    + 1

39. 4
    + 3

40. 8
    + 6

41. 6
    + 4

42. 10
    + 2

43. 5
    + 1

44. 5
    + 5

45. 0
    + 3

46. 2
    + 2

47. 4
    + 9

48. 7
    + 6

49. 4
    + 4

50. 6
    + 9

51. 4
    + 8

52. 7
    + 7

53. 6
    + 5

54. 9
    + 3

55. 2
    + 3

56. 0
    + 9

57. 9
    + 4

58. 3
    + 4

59. 7
    + 2

60. 7
    + 7

Name: _____

Score: /60

Time: :

1. 5
 + 5

2. 9
 + 8

3. 10
 + 2

4. 8
 + 1

5. 2
 + 7

6. 10
 + 5

7. 7
 + 6

8. 5
 + 8

9. 6
 + 2

10. 3
 + 1

11. 8
 + 4

12. 9
 + 7

13. 5
 + 4

14. 10
 + 10

15. 5
 + 1

16. 7
 + 4

17. 8
 + 2

18. 6
 + 6

19. 9
 + 3

20. 3
 + 4

21. 7
 + 3

22. 9
 + 9

23. 8
 + 6

24. 3
 + 2

25. 8
 + 8

26. 1
 + 7

27. 0
 + 6

28. 5
 + 5

29. 4
 + 3

30. 5
 + 4

31. 5
 + 2

32. 8
 + 8

33. 5
 + 6

34. 9
 + 1

35. 5
 + 4

36. 3
 + 8

37. 4
 + 7

38. 6
 + 1

39. 4
 + 8

40. 7
 + 5

41. 8
 + 7

42. 6
 + 9

43. 5
 + 9

44. 6
 + 4

45. 9
 + 9

46. 7
 + 5

47. 4
 + 8

48. 6
 + 5

49. 10
 + 4

50. 9
 + 6

51. 6
 + 5

52. 7
 + 4

53. 9
 + 7

54. 5
 + 3

55. 8
 + 6

56. 9
 + 2

57. 7
 + 5

58. 0
 + 0

59. 7
 + 7

60. 9
 + 4

Name: _____

Score: /60

Time: :

1. 5
    + 7

2. 4
    + 2

3. 1
    + 7

4. 4
    + 9

5. 8
    + 6

6. 3
    + 8

7. 9
    + 9

8. 8
    + 5

9. 6
    + 1

10. 3
    + 9

11. 7
    + 3

12. 4
    + 6

13. 5
    + 8

14. 9
    + 2

15. 5
    + 1

16. 4
    + 4

17. 7
    + 9

18. 5
    + 3

19. 6
    + 5

20. 3
    + 4

21. 7
    + 3

22. 8
    + 4

23. 9
    + 8

24. 3
    + 10

25. 5
    + 5

26. 8
    + 8

27. 0
    + 6

28. 5
    + 2

29. 7
    + 2

30. 5
    + 4

31. 8
    + 7

32. 4
    + 2

33. 5
    + 9

34. 0
    + 1

35. 5
    + 4

36. 3
    + 8

37. 4
    + 0

38. 6
    + 7

39. 4
    + 3

40. 10
    + 10

41. 0
    + 8

42. 4
    + 1

43. 6
    + 9

44. 5
    + 5

45. 9
    + 9

46. 7
    + 2

47. 6
    + 5

48. 2
    + 8

49. 7
    + 7

50. 5
    + 2

51. 10
    + 4

52. 6
    + 8

53. 7
    + 8

54. 9
    + 1

55. 2
    + 5

56. 4
    + 4

57. 0
    + 5

58. 3
    + 4

59. 9
    + 3

60. 1
    + 9

Day 33
Adding digits 0-10

Name: _____

Score: /60

Time: :

1. $4 + 4$	2. $6 + 6$	3. $5 + 9$	4. $8 + 8$	5. $2 + 6$	6. $7 + 3$
7. $4 + 9$	8. $5 + 3$	9. $6 + 2$	10. $7 + 8$	11. $5 + 4$	12. $9 + 6$
13. $5 + 8$	14. $9 + 4$	15. $6 + 1$	16. $4 + 7$	17. $8 + 2$	18. $1 + 9$
19. $5 + 2$	20. $10 + 7$	21. $2 + 7$	22. $5 + 9$	23. $8 + 1$	24. $6 + 2$
25. $9 + 7$	26. $1 + 7$	27. $7 + 7$	28. $5 + 2$	29. $4 + 7$	30. $5 + 4$
31. $6 + 10$	32. $4 + 8$	33. $5 + 6$	34. $6 + 8$	35. $5 + 3$	36. $9 + 3$
37. $6 + 7$	38. $8 + 5$	39. $4 + 3$	40. $0 + 0$	41. $9 + 8$	42. $2 + 9$
43. $5 + 4$	44. $9 + 9$	45. $10 + 9$	46. $6 + 4$	47. $7 + 2$	48. $0 + 5$
49. $8 + 4$	50. $6 + 5$	51. $7 + 7$	52. $8 + 3$	53. $9 + 5$	54. $8 + 6$
55. $3 + 9$	56. $9 + 6$	57. $8 + 5$	58. $3 + 4$	59. $6 + 6$	60. $7 + 5$

Day 34
Adding digits 0-10

Name: _____

Score: /60

Time: :

1. $\begin{array}{r} 6 \\ + 6 \\ \hline \end{array}$
2. $\begin{array}{r} 5 \\ + 3 \\ \hline \end{array}$
3. $\begin{array}{r} 7 \\ + 2 \\ \hline \end{array}$
4. $\begin{array}{r} 1 \\ + 8 \\ \hline \end{array}$
5. $\begin{array}{r} 3 \\ + 9 \\ \hline \end{array}$
6. $\begin{array}{r} 6 \\ + 5 \\ \hline \end{array}$

7. $\begin{array}{r} 7 \\ + 4 \\ \hline \end{array}$
8. $\begin{array}{r} 5 \\ + 2 \\ \hline \end{array}$
9. $\begin{array}{r} 1 \\ + 1 \\ \hline \end{array}$
10. $\begin{array}{r} 7 \\ + 5 \\ \hline \end{array}$
11. $\begin{array}{r} 1 \\ + 6 \\ \hline \end{array}$
12. $\begin{array}{r} 9 \\ + 7 \\ \hline \end{array}$

13. $\begin{array}{r} 5 \\ + 4 \\ \hline \end{array}$
14. $\begin{array}{r} 8 \\ + 9 \\ \hline \end{array}$
15. $\begin{array}{r} 5 \\ + 1 \\ \hline \end{array}$
16. $\begin{array}{r} 4 \\ + 4 \\ \hline \end{array}$
17. $\begin{array}{r} 5 \\ + 0 \\ \hline \end{array}$
18. $\begin{array}{r} 9 \\ + 1 \\ \hline \end{array}$

19. $\begin{array}{r} 1 \\ + 10 \\ \hline \end{array}$
20. $\begin{array}{r} 3 \\ + 4 \\ \hline \end{array}$
21. $\begin{array}{r} 2 \\ + 8 \\ \hline \end{array}$
22. $\begin{array}{r} 5 \\ + 4 \\ \hline \end{array}$
23. $\begin{array}{r} 8 \\ + 6 \\ \hline \end{array}$
24. $\begin{array}{r} 10 \\ + 10 \\ \hline \end{array}$

25. $\begin{array}{r} 6 \\ + 3 \\ \hline \end{array}$
26. $\begin{array}{r} 1 \\ + 4 \\ \hline \end{array}$
27. $\begin{array}{r} 7 \\ + 6 \\ \hline \end{array}$
28. $\begin{array}{r} 5 \\ + 2 \\ \hline \end{array}$
29. $\begin{array}{r} 2 \\ + 2 \\ \hline \end{array}$
30. $\begin{array}{r} 6 \\ + 4 \\ \hline \end{array}$

31. $\begin{array}{r} 7 \\ + 3 \\ \hline \end{array}$
32. $\begin{array}{r} 4 \\ + 9 \\ \hline \end{array}$
33. $\begin{array}{r} 5 \\ + 1 \\ \hline \end{array}$
34. $\begin{array}{r} 9 \\ + 10 \\ \hline \end{array}$
35. $\begin{array}{r} 5 \\ + 4 \\ \hline \end{array}$
36. $\begin{array}{r} 8 \\ + 8 \\ \hline \end{array}$

37. $\begin{array}{r} 3 \\ + 1 \\ \hline \end{array}$
38. $\begin{array}{r} 3 \\ + 8 \\ \hline \end{array}$
39. $\begin{array}{r} 4 \\ + 6 \\ \hline \end{array}$
40. $\begin{array}{r} 5 \\ + 2 \\ \hline \end{array}$
41. $\begin{array}{r} 4 \\ + 7 \\ \hline \end{array}$
42. $\begin{array}{r} 9 \\ + 9 \\ \hline \end{array}$

43. $\begin{array}{r} 9 \\ + 6 \\ \hline \end{array}$
44. $\begin{array}{r} 5 \\ + 5 \\ \hline \end{array}$
45. $\begin{array}{r} 4 \\ + 3 \\ \hline \end{array}$
46. $\begin{array}{r} 2 \\ + 6 \\ \hline \end{array}$
47. $\begin{array}{r} 7 \\ + 1 \\ \hline \end{array}$
48. $\begin{array}{r} 2 \\ + 9 \\ \hline \end{array}$

49. $\begin{array}{r} 5 \\ + 8 \\ \hline \end{array}$
50. $\begin{array}{r} 4 \\ + 8 \\ \hline \end{array}$
51. $\begin{array}{r} 9 \\ + 1 \\ \hline \end{array}$
52. $\begin{array}{r} 2 \\ + 3 \\ \hline \end{array}$
53. $\begin{array}{r} 4 \\ + 6 \\ \hline \end{array}$
54. $\begin{array}{r} 5 \\ + 9 \\ \hline \end{array}$

55. $\begin{array}{r} 7 \\ + 7 \\ \hline \end{array}$
56. $\begin{array}{r} 4 \\ + 4 \\ \hline \end{array}$
57. $\begin{array}{r} 8 \\ + 5 \\ \hline \end{array}$
58. $\begin{array}{r} 3 \\ + 4 \\ \hline \end{array}$
59. $\begin{array}{r} 1 \\ + 6 \\ \hline \end{array}$
60. $\begin{array}{r} 7 \\ + 8 \\ \hline \end{array}$

Day 35
Adding digits 0-10

Name: _____

Score: /60

Time: :

1. 10 + 6	2. 7 + 4	3. 2 + 2	4. 9 + 9	5. 6 + 8	6. 4 + 9
7. 4 + 6	8. 5 + 2	9. 1 + 8	10. 3 + 6	11. 2 + 3	12. 7 + 6
13. 5 + 4	14. 9 + 3	15. 5 + 1	16. 8 + 8	17. 6 + 5	18. 1 + 7
19. 1 + 9	20. 3 + 4	21. 2 + 5	22. 5 + 4	23. 5 + 9	24. 6 + 10
25. 7 + 5	26. 9 + 4	27. 0 + 8	28. 5 + 2	29. 8 + 7	30. 5 + 4
31. 6 + 3	32. 9 + 2	33. 5 + 5	34. 9 + 8	35. 5 + 4	36. 3 + 7
37. 9 + 7	38. 7 + 7	39. 4 + 3	40. 5 + 8	41. 4 + 4	42. 6 + 6
43. 5 + 1	44. 5 + 5	45. 10 + 3	46. 2 + 6	47. 4 + 1	48. 2 + 5
49. 5 + 4	50. 7 + 3	51. 1 + 6	52. 9 + 4	53. 4 + 8	54. 4 + 4
55. 8 + 2	56. 6 + 1	57. 2 + 7	58. 7 + 4	59. 9 + 6	60. 8 + 3

© Libro Studio LLC 2019

Name: _____

Score: /60

Time: :

1. 7
   +6

2. 8
   +3

3. 2
   +6

4. 9
   +1

5. 3
   +4

6. 5
   +8

7. 2
   +9

8. 5
   +2

9. 8
   +9

10. 6
    +3

11. 7
    +4

12. 8
    +8

13. 5
    +4

14. 8
    +4

15. 5
    +1

16. 4
    +4

17. 5
    +0

18. 7
    +7

19. 1
    +6

20. 3
    +9

21. 2
    +8

22. 5
    +4

23. 4
    +6

24. 3
    +2

25. 5
    +5

26. 1
    +4

27. 3
    +2

28. 5
    +7

29. 2
    +2

30. 5
    +4

31. 8
    +1

32. 4
    +9

33. 5
    +8

34. 6
    +6

35. 5
    +4

36. 10
    +10

37. 4
    +7

38. 5
    +9

39. 4
    +3

40. 5
    +3

41. 7
    +7

42. 8
    +6

43. 5
    +10

44. 5
    +5

45. 7
    +8

46. 6
    +9

47. 8
    +1

48. 2
    +6

49. 5
    +4

50. 7
    +9

51. 8
    +8

52. 2
    +6

53. 9
    +9

54. 3
    +7

55. 1
    +7

56. 0
    +4

57. 6
    +5

58. 4
    +4

59. 4
    +6

60. 2
    +7

Name: _____

Score: /60

Time: :

1. 5 +2	2. 8 +5	3. 2 +2	4. 9 +5	5. 4 +6	6. 7 +8
7. 10 +8	8. 5 +2	9. 1 +7	10. 3 +8	11. 7 +4	12. 1 +0
13. 9 +8	14. 6 +5	15. 5 +1	16. 4 +4	17. 10 +0	18. 1 +3
19. 1 +2	20. 8 +4	21. 7 +7	22. 5 +4	23. 6 +1	24. 9 +9
25. 5 +5	26. 1 +4	27. 8 +8	28. 5 +2	29. 2 +8	30. 5 +4
31. 7 +2	32. 4 +2	33. 9 +7	34. 6 +6	35. 5 +4	36. 7 +3
37. 1 +8	38. 9 +1	39. 4 +3	40. 5 +7	41. 4 +4	42. 6 +2
43. 5 +1	44. 5 +5	45. 4 +3	46. 9 +6	47. 10 +10	48. 6 +8
49. 9 +4	50. 1 +1	51. 1 +5	52. 2 +9	53. 1 +0	54. 3 +3
55. 6 +3	56. 4 +4	57. 7 +6	58. 3 +4	59. 9 +3	60. 2 +1

Name: _____

Score: /60

Time: :

1. $\begin{array}{r} 2 \\ +2 \\ \hline \end{array}$

2. $\begin{array}{r} 1 \\ +6 \\ \hline \end{array}$

3. $\begin{array}{r} 2 \\ +2 \\ \hline \end{array}$

4. $\begin{array}{r} 8 \\ +8 \\ \hline \end{array}$

5. $\begin{array}{r} 6 \\ +7 \\ \hline \end{array}$

6. $\begin{array}{r} 3 \\ +5 \\ \hline \end{array}$

7. $\begin{array}{r} 3 \\ +3 \\ \hline \end{array}$

8. $\begin{array}{r} 9 \\ +2 \\ \hline \end{array}$

9. $\begin{array}{r} 2 \\ +7 \\ \hline \end{array}$

10. $\begin{array}{r} 8 \\ +1 \\ \hline \end{array}$

11. $\begin{array}{r} 7 \\ +4 \\ \hline \end{array}$

12. $\begin{array}{r} 9 \\ +9 \\ \hline \end{array}$

13. $\begin{array}{r} 5 \\ +4 \\ \hline \end{array}$

14. $\begin{array}{r} 9 \\ +4 \\ \hline \end{array}$

15. $\begin{array}{r} 5 \\ +1 \\ \hline \end{array}$

16. $\begin{array}{r} 4 \\ +4 \\ \hline \end{array}$

17. $\begin{array}{r} 3 \\ +6 \\ \hline \end{array}$

18. $\begin{array}{r} 8 \\ +7 \\ \hline \end{array}$

19. $\begin{array}{r} 6 \\ +2 \\ \hline \end{array}$

20. $\begin{array}{r} 3 \\ +4 \\ \hline \end{array}$

21. $\begin{array}{r} 2 \\ +8 \\ \hline \end{array}$

22. $\begin{array}{r} 5 \\ +7 \\ \hline \end{array}$

23. $\begin{array}{r} 7 \\ +3 \\ \hline \end{array}$

24. $\begin{array}{r} 3 \\ +2 \\ \hline \end{array}$

25. $\begin{array}{r} 5 \\ +5 \\ \hline \end{array}$

26. $\begin{array}{r} 1 \\ +4 \\ \hline \end{array}$

27. $\begin{array}{r} 9 \\ +3 \\ \hline \end{array}$

28. $\begin{array}{r} 5 \\ +2 \\ \hline \end{array}$

29. $\begin{array}{r} 8 \\ +9 \\ \hline \end{array}$

30. $\begin{array}{r} 6 \\ +4 \\ \hline \end{array}$

31. $\begin{array}{r} 1 \\ +5 \\ \hline \end{array}$

32. $\begin{array}{r} 7 \\ +2 \\ \hline \end{array}$

33. $\begin{array}{r} 5 \\ +6 \\ \hline \end{array}$

34. $\begin{array}{r} 9 \\ +1 \\ \hline \end{array}$

35. $\begin{array}{r} 5 \\ +4 \\ \hline \end{array}$

36. $\begin{array}{r} 3 \\ +4 \\ \hline \end{array}$

37. $\begin{array}{r} 4 \\ +7 \\ \hline \end{array}$

38. $\begin{array}{r} 3 \\ +8 \\ \hline \end{array}$

39. $\begin{array}{r} 4 \\ +3 \\ \hline \end{array}$

40. $\begin{array}{r} 9 \\ +0 \\ \hline \end{array}$

41. $\begin{array}{r} 4 \\ +8 \\ \hline \end{array}$

42. $\begin{array}{r} 0 \\ +2 \\ \hline \end{array}$

43. $\begin{array}{r} 5 \\ +1 \\ \hline \end{array}$

44. $\begin{array}{r} 5 \\ +9 \\ \hline \end{array}$

45. $\begin{array}{r} 10 \\ +7 \\ \hline \end{array}$

46. $\begin{array}{r} 2 \\ +2 \\ \hline \end{array}$

47. $\begin{array}{r} 4 \\ +1 \\ \hline \end{array}$

48. $\begin{array}{r} 6 \\ +5 \\ \hline \end{array}$

49. $\begin{array}{r} 5 \\ +0 \\ \hline \end{array}$

50. $\begin{array}{r} 9 \\ +6 \\ \hline \end{array}$

51. $\begin{array}{r} 8 \\ +5 \\ \hline \end{array}$

52. $\begin{array}{r} 6 \\ +4 \\ \hline \end{array}$

53. $\begin{array}{r} 7 \\ +5 \\ \hline \end{array}$

54. $\begin{array}{r} 10 \\ +10 \\ \hline \end{array}$

55. $\begin{array}{r} 6 \\ +6 \\ \hline \end{array}$

56. $\begin{array}{r} 7 \\ +9 \\ \hline \end{array}$

57. $\begin{array}{r} 0 \\ +7 \\ \hline \end{array}$

58. $\begin{array}{r} 8 \\ +4 \\ \hline \end{array}$

59. $\begin{array}{r} 1 \\ +7 \\ \hline \end{array}$

60. $\begin{array}{r} 8 \\ +6 \\ \hline \end{array}$

Name: _____

Score: /60

Time: :

1. $9 + 4$	2. $5 + 6$	3. $6 + 8$	4. $1 + 5$	5. $7 + 4$	6. $9 + 5$
7. $3 + 3$	8. $5 + 2$	9. $1 + 1$	10. $7 + 3$	11. $8 + 4$	12. $4 + 3$
13. $10 + 10$	14. $5 + 4$	15. $8 + 1$	16. $4 + 4$	17. $5 + 6$	18. $1 + 6$
19. $6 + 2$	20. $3 + 4$	21. $9 + 9$	22. $5 + 4$	23. $9 + 9$	24. $6 + 2$
25. $5 + 7$	26. $1 + 4$	27. $10 + 3$	28. $5 + 2$	29. $2 + 7$	30. $5 + 4$
31. $8 + 1$	32. $4 + 6$	33. $5 + 1$	34. $7 + 6$	35. $5 + 8$	36. $8 + 3$
37. $7 + 8$	38. $3 + 6$	39. $4 + 9$	40. $5 + 3$	41. $4 + 4$	42. $0 + 6$
43. $5 + 1$	44. $5 + 5$	45. $7 + 9$	46. $8 + 8$	47. $7 + 1$	48. $2 + 5$
49. $5 + 4$	50. $7 + 6$	51. $4 + 1$	52. $2 + 8$	53. $1 + 6$	54. $7 + 7$
55. $8 + 9$	56. $7 + 4$	57. $6 + 6$	58. $3 + 4$	59. $2 + 0$	60. $2 + 8$

Name: _____

Score: /60

Time: :

1. $\begin{array}{r} 3 \\ +5 \\ \hline \end{array}$
2. $\begin{array}{r} 6 \\ +1 \\ \hline \end{array}$
3. $\begin{array}{r} 2 \\ +2 \\ \hline \end{array}$
4. $\begin{array}{r} 1 \\ +5 \\ \hline \end{array}$
5. $\begin{array}{r} 3 \\ +7 \\ \hline \end{array}$
6. $\begin{array}{r} 8 \\ +9 \\ \hline \end{array}$

7. $\begin{array}{r} 0 \\ +3 \\ \hline \end{array}$
8. $\begin{array}{r} 5 \\ +2 \\ \hline \end{array}$
9. $\begin{array}{r} 1 \\ +1 \\ \hline \end{array}$
10. $\begin{array}{r} 3 \\ +3 \\ \hline \end{array}$
11. $\begin{array}{r} 2 \\ +6 \\ \hline \end{array}$
12. $\begin{array}{r} 9 \\ +9 \\ \hline \end{array}$

13. $\begin{array}{r} 5 \\ +4 \\ \hline \end{array}$
14. $\begin{array}{r} 7 \\ +4 \\ \hline \end{array}$
15. $\begin{array}{r} 5 \\ +1 \\ \hline \end{array}$
16. $\begin{array}{r} 4 \\ +4 \\ \hline \end{array}$
17. $\begin{array}{r} 9 \\ +1 \\ \hline \end{array}$
18. $\begin{array}{r} 8 \\ +3 \\ \hline \end{array}$

19. $\begin{array}{r} 8 \\ +6 \\ \hline \end{array}$
20. $\begin{array}{r} 9 \\ +4 \\ \hline \end{array}$
21. $\begin{array}{r} 2 \\ +0 \\ \hline \end{array}$
22. $\begin{array}{r} 5 \\ +4 \\ \hline \end{array}$
23. $\begin{array}{r} 4 \\ +8 \\ \hline \end{array}$
24. $\begin{array}{r} 7 \\ +2 \\ \hline \end{array}$

25. $\begin{array}{r} 5 \\ +7 \\ \hline \end{array}$
26. $\begin{array}{r} 10 \\ +4 \\ \hline \end{array}$
27. $\begin{array}{r} 6 \\ +3 \\ \hline \end{array}$
28. $\begin{array}{r} 5 \\ +2 \\ \hline \end{array}$
29. $\begin{array}{r} 2 \\ +9 \\ \hline \end{array}$
30. $\begin{array}{r} 5 \\ +4 \\ \hline \end{array}$

31. $\begin{array}{r} 9 \\ +1 \\ \hline \end{array}$
32. $\begin{array}{r} 4 \\ +2 \\ \hline \end{array}$
33. $\begin{array}{r} 5 \\ +1 \\ \hline \end{array}$
34. $\begin{array}{r} 9 \\ +7 \\ \hline \end{array}$
35. $\begin{array}{r} 6 \\ +4 \\ \hline \end{array}$
36. $\begin{array}{r} 3 \\ +3 \\ \hline \end{array}$

37. $\begin{array}{r} 9 \\ +0 \\ \hline \end{array}$
38. $\begin{array}{r} 3 \\ +9 \\ \hline \end{array}$
39. $\begin{array}{r} 4 \\ +3 \\ \hline \end{array}$
40. $\begin{array}{r} 5 \\ +6 \\ \hline \end{array}$
41. $\begin{array}{r} 4 \\ +4 \\ \hline \end{array}$
42. $\begin{array}{r} 0 \\ +2 \\ \hline \end{array}$

43. $\begin{array}{r} 5 \\ +8 \\ \hline \end{array}$
44. $\begin{array}{r} 6 \\ +6 \\ \hline \end{array}$
45. $\begin{array}{r} 0 \\ +3 \\ \hline \end{array}$
46. $\begin{array}{r} 8 \\ +7 \\ \hline \end{array}$
47. $\begin{array}{r} 4 \\ +1 \\ \hline \end{array}$
48. $\begin{array}{r} 9 \\ +5 \\ \hline \end{array}$

49. $\begin{array}{r} 5 \\ +4 \\ \hline \end{array}$
50. $\begin{array}{r} 7 \\ +1 \\ \hline \end{array}$
51. $\begin{array}{r} 9 \\ +6 \\ \hline \end{array}$
52. $\begin{array}{r} 2 \\ +4 \\ \hline \end{array}$
53. $\begin{array}{r} 10 \\ +7 \\ \hline \end{array}$
54. $\begin{array}{r} 7 \\ +6 \\ \hline \end{array}$

55. $\begin{array}{r} 2 \\ +8 \\ \hline \end{array}$
56. $\begin{array}{r} 7 \\ +7 \\ \hline \end{array}$
57. $\begin{array}{r} 0 \\ +5 \\ \hline \end{array}$
58. $\begin{array}{r} 3 \\ +4 \\ \hline \end{array}$
59. $\begin{array}{r} 8 \\ +8 \\ \hline \end{array}$
60. $\begin{array}{r} 8 \\ +1 \\ \hline \end{array}$

⏱ Day 41
Subtracting 0-10

Name: _____

Score: /60

Time: :

1. 9 − 4	2. 10 − 3	3. 4 − 2	4. 5 − 5	5. 6 − 0	6. 9 − 5
7. 4 − 3	8. 5 − 2	9. 1 − 1	10. 5 − 3	11. 7 − 4	12. 8 − 0
13. 8 − 4	14. 5 − 4	15. 2 − 1	16. 4 − 4	17. 8 − 7	18. 9 − 3
19. 6 − 2	20. 10 − 4	21. 7 − 0	22. 8 − 4	23. 0 − 0	24. 7 − 2
25. 8 − 5	26. 5 − 4	27. 4 − 3	28. 5 − 2	29. 3 − 2	30. 6 − 4
31. 4 − 1	32. 4 − 2	33. 5 − 1	34. 7 − 6	35. 5 − 4	36. 3 − 3
37. 4 − 0	38. 3 − 1	39. 4 − 3	40. 5 − 0	41. 7 − 4	42. 9 − 2
43. 10 − 1	44. 10 − 10	45. 8 − 3	46. 5 − 2	47. 8 − 1	48. 10 − 5
49. 5 − 4	50. 7 − 2	51. 7 − 5	52. 9 − 4	53. 10 − 0	54. 6 − 3
55. 2 − 0	56. 4 − 4	57. 6 − 5	58. 9 − 4	59. 10 − 3	60. 4 − 1

Day 42
Subtracting 0-10

Name: _____

Score: /60 Time: :

1. 10 − 9	2. 5 − 3	3. 5 − 1	4. 9 − 8	5. 8 − 3	6. 6 − 5
7. 7 − 3	8. 9 − 2	9. 6 − 1	10. 10 − 3	11. 9 − 4	12. 1 − 0
13. 10 − 4	14. 6 − 1	15. 9 − 6	16. 8 − 7	17. 10 − 6	18. 6 − 3
19. 3 − 2	20. 9 − 9	21. 10 − 0	22. 10 − 8	23. 4 − 3	24. 3 − 2
25. 10 − 5	26. 8 − 4	27. 9 − 3	28. 10 − 2	29. 5 − 2	30. 5 − 4
31. 9 − 1	32. 6 − 2	33. 10 − 1	34. 3 − 1	35. 7 − 4	36. 5 − 3
37. 8 − 0	38. 7 − 6	39. 9 − 8	40. 5 − 2	41. 4 − 2	42. 2 − 2
43. 7 − 1	44. 7 − 5	45. 8 − 3	46. 3 − 2	47. 4 − 1	48. 8 − 5
49. 5 − 0	50. 8 − 1	51. 9 − 5	52. 6 − 4	53. 1 − 0	54. 3 − 3
55. 6 − 2	56. 9 − 4	57. 10 − 10	58. 9 − 4	59. 4 − 3	60. 2 − 1

Name: _____

Score: /60   Time: :

1. 5
   - 4

2. 5
   - 1

3. 4
   - 2

4. 5
   - 5

5. 6
   - 2

6. 10
   - 5

7. 9
   - 3

8. 7
   - 2

9. 6
   - 1

10. 4
    - 3

11. 9
    - 4

12. 7
    - 1

13. 10
    - 4

14. 6
    - 4

15. 9
    - 1

16. 9
    - 5

17. 7
    - 4

18. 8
    - 3

19. 10
    - 2

20. 8
    - 4

21. 2
    - 2

22. 6
    - 4

23. 8
    - 6

24. 9
    - 7

25. 5
    - 2

26. 7
    - 4

27. 6
    - 3

28. 10
    - 2

29. 4
    - 2

30. 9
    - 4

31. 2
    - 1

32. 6
    - 2

33. 5
    - 1

34. 10
    - 1

35. 5
    - 2

36. 9
    - 3

37. 4
    - 1

38. 3
    - 2

39. 10
    - 3

40. 9
    - 8

41. 5
    - 4

42. 8
    - 2

43. 9
    - 1

44. 5
    - 5

45. 6
    - 3

46. 5
    - 2

47. 8
    - 4

48. 7
    - 5

49. 4
    - 4

50. 10
    - 8

51. 7
    - 5

52. 6
    - 4

53. 8
    - 6

54. 9
    - 5

55. 5
    - 4

56. 9
    - 6

57. 7
    - 2

58. 8
    - 4

59. 9
    - 3

60. 6
    - 1

Name: _____

Score: /60

Time: :

1. 6 − 4	2. 7 − 3	3. 2 − 1	4. 9 − 5	5. 8 − 0	6. 8 − 5
7. 6 − 3	8. 7 − 2	9. 10 − 1	10. 9 − 3	11. 7 − 4	12. 2 − 0
13. 8 − 4	14. 9 − 9	15. 7 − 1	16. 9 − 4	17. 5 − 2	18. 9 − 7
19. 8 − 6	20. 5 − 4	21. 9 − 8	22. 10 − 7	23. 7 − 0	24. 6 − 2
25. 9 − 5	26. 6 − 4	27. 9 − 3	28. 8 − 2	29. 10 − 2	30. 5 − 1
31. 9 − 1	32. 3 − 2	33. 10 − 1	34. 8 − 6	35. 10 − 7	36. 9 − 6
37. 10 − 9	38. 8 − 7	39. 4 − 3	40. 5 − 0	41. 4 − 4	42. 3 − 2
43. 5 − 1	44. 8 − 6	45. 10 − 3	46. 9 − 8	47. 6 − 1	48. 6 − 5
49. 7 − 4	50. 7 − 1	51. 8 − 5	52. 6 − 4	53. 8 − 0	54. 4 − 3
55. 2 − 0	56. 4 − 1	57. 10 − 5	58. 9 − 9	59. 8 − 3	60. 6 − 1

Name: _____

Score: /60

Time: :

1. 7
   - 2

3. 4
   - 0

3. 10
   - 2

4. 6
   - 1

5. 9
   - 8

6. 7
   - 4

7. 8
   - 3

8. 5
   - 2

9. 9
   - 1

10. 7
    - 3

11. 8
    - 4

12. 1
    - 0

13. 7
    - 6

14. 9
    - 4

15. 10
    - 1

16. 4
    - 4

17. 10
    - 0

18. 9
    - 3

19. 8
    - 2

20. 6
    - 4

21. 9
    - 7

22. 10
    - 4

23. 8
    - 6

24. 3
    - 1

25. 10
    - 5

26. 9
    - 6

27. 8
    - 3

28. 5
    - 2

29. 2
    - 2

30. 6
    - 3

31. 7
    - 1

32. 4
    - 2

33. 9
    - 1

34. 6
    - 5

35. 7
    - 7

36. 7
    - 3

37. 8
    - 5

38. 8
    - 7

39. 9
    - 3

40. 5
    - 0

41. 7
    - 4

42. 9
    - 2

43. 10
    - 7

44. 6
    - 1

45. 4
    - 3

46. 8
    - 2

47. 4
    - 1

48. 7
    - 5

49. 10
    - 4

50. 2
    - 1

51. 8
    - 5

52. 9
    - 4

53. 10
    - 0

54. 8
    - 3

55. 2
    - 2

56. 5
    - 4

57. 9
    - 5

58. 7
    - 4

59. 6
    - 3

60. 5
    - 1

Name: _____

Score: /60

Time: :

1. 8
  - 6

2. 9
  - 3

3. 8
  - 2

4. 7
  - 5

5. 10
  - 0

6. 6
  - 5

7. 10
  - 3

8. 5
  - 2

9. 6
  - 6

10. 7
  - 3

11. 9
  - 4

12. 8
  - 7

13. 9
  - 6

14. 6
  - 4

15. 3
  - 1

16. 8
  - 4

17. 10
  - 6

18. 4
  - 3

19. 5
  - 2

20. 10
  - 4

21. 8
  - 2

22. 10
  - 9

23. 3
  - 0

24. 3
  - 2

25. 0
  - 0

26. 8
  - 4

27. 7
  - 2

28. 9
  - 2

29. 3
  - 1

30. 6
  - 4

31. 8
  - 1

32. 10
  - 2

33. 5
  - 1

34. 10
  - 1

35. 7
  - 4

36. 4
  - 3

37. 6
  - 0

38. 7
  - 1

39. 8
  - 3

40. 5
  - 2

41. 4
  - 1

42. 2
  - 2

43. 6
  - 1

44. 10
  - 5

45. 5
  - 3

46. 4
  - 2

47. 8
  - 1

48. 6
  - 5

49. 10
  - 7

50. 1
  - 1

51. 9
  - 5

52. 6
  - 4

53. 2
  - 1

54. 9
  - 3

55. 10
  - 10

56. 6
  - 3

57. 8
  - 5

58. 7
  - 4

59. 10
  - 3

60. 3
  - 1

Name: _____

Score: /60

Time: :

1. 4 − 2	2. 5 − 1	3. 5 − 2	4. 7 − 5	5. 8 − 0	6. 8 − 5
7. 7 − 3	8. 3 − 2	9. 6 − 1	10. 8 − 3	11. 7 − 4	12. 9 − 0
13. 9 − 4	14. 5 − 4	15. 7 − 1	16. 6 − 4	17. 5 − 3	18. 9 − 3
19. 8 − 2	20. 10 − 4	21. 10 − 0	22. 9 − 4	23. 8 − 7	24. 6 − 2
25. 9 − 5	26. 8 − 6	27. 10 − 3	28. 9 − 7	29. 7 − 2	30. 8 − 4
31. 1 − 1	32. 7 − 2	33. 10 − 1	34. 4 − 1	35. 5 − 4	36. 6 − 3
37. 4 − 3	38. 9 − 1	39. 8 − 3	40. 5 − 1	41. 7 − 4	42. 10 − 2
43. 9 − 8	44. 10 − 5	45. 7 − 3	46. 4 − 2	47. 9 − 7	48. 7 − 6
49. 10 − 6	50. 8 − 8	51. 10 − 7	52. 5 − 4	53. 9 − 2	54. 8 − 3
55. 7 − 0	56. 7 − 4	57. 6 − 5	58. 9 − 4	59. 8 − 3	60. 6 − 1

Name: _____

Score: /60

Time: :

1. 8
    - 6

2. 9
    - 3

3. 3
    - 2

4. 5
    - 5

5. 8
    - 7

6. 6
    - 5

7. 7
    - 3

8. 10
    - 2

9. 2
    - 1

10. 5
    - 3

11. 9
    - 4

12. 1
    - 1

13. 10
    - 4

14. 6
    - 4

15. 3
    - 1

16. 4
    - 2

17. 5
    - 4

18. 8
    - 3

19. 9
    - 2

20. 7
    - 4

21. 2
    - 2

22. 8
    - 4

23. 9
    - 6

24. 3
    - 2

25. 6
    - 5

26. 10
    - 8

27. 4
    - 3

28. 7
    - 2

29. 9
    - 2

30. 6
    - 4

31. 10
    - 1

32. 8
    - 2

33. 7
    - 1

34. 10
    - 9

35. 9
    - 4

36. 6
    - 3

37. 8
    - 0

38. 3
    - 1

39. 4
    - 3

40. 5
    - 2

41. 4
    - 4

42. 10
    - 2

43. 9
    - 1

44. 7
    - 5

45. 8
    - 3

46. 2
    - 2

47. 4
    - 1

48. 10
    - 5

49. 6
    - 5

50. 8
    - 1

51. 7
    - 2

52. 6
    - 4

53. 1
    - 0

54. 3
    - 3

55. 10
    - 7

56. 8
    - 4

57. 9
    - 5

58. 5
    - 4

59. 9
    - 3

60. 3
    - 1

Name: _____

Score: /60

Time: :

1. 18 − 9	2. 7 − 3	3. 15 − 7	4. 9 − 5	5. 10 − 0	6. 11 − 5
7. 12 − 4	8. 7 − 2	9. 13 − 5	10. 14 − 7	11. 11 − 9	12. 6 − 2
13. 14 − 9	14. 17 − 8	15. 10 − 1	16. 12 − 6	17. 9 − 0	18. 8 − 3
19. 12 − 2	20. 11 − 4	21. 12 − 8	22. 16 − 8	23. 13 − 9	24. 9 − 7
25. 17 − 9	26. 10 − 4	27. 4 − 3	28. 11 − 2	29. 2 − 2	30. 7 − 4
31. 6 − 1	32. 15 − 8	33. 9 − 1	34. 11 − 1	35. 8 − 4	36. 16 − 9
37. 20 − 10	38. 8 − 7	39. 9 − 3	40. 6 − 5	41. 14 − 10	42. 15 − 9
43. 11 − 3	44. 8 − 5	45. 13 − 4	46. 14 − 8	47. 5 − 1	48. 11 − 5
49. 12 − 4	50. 16 − 7	51. 13 − 5	52. 11 − 4	53. 10 − 0	54. 10 − 3
55. 14 − 5	56. 11 − 8	57. 12 − 5	58. 13 − 8	59. 18 − 10	60. 15 − 9

Name: _____

Score: /60

Time: :

1. 12
  - 4

2. 15
  - 9

3. 14
  - 6

4. 11
  - 5

5. 3
  - 2

6. 7
  - 5

7. 11
  - 3

8. 15
  - 7

9. 16
  - 10

10. 13
  - 3

11. 8
  - 4

12. 9
  - 6

13. 13
  - 4

14. 17
  - 9

15. 10
  - 1

16. 13
  - 8

17. 5
  - 1

18. 9
  - 3

19. 7
  - 2

20. 11
  - 4

21. 12
  - 9

22. 15
  - 6

23. 18
  - 9

24. 7
  - 6

25. 6
  - 5

26. 14
  - 8

27. 16
  - 9

28. 11
  - 6

29. 10
  - 2

30. 8
  - 7

31. 11
  - 1

32. 4
  - 4

33. 13
  - 5

34. 6
  - 1

35. 12
  - 7

36. 17
  - 8

37. 15
  - 9

38. 10
  - 8

39. 13
  - 7

40. 5
  - 3

41. 11
  - 5

42. 6
  - 2

43. 12
  - 5

44. 9
  - 5

45. 10
  - 3

46. 12
  - 2

47. 14
  - 9

48. 10
  - 5

49. 15
  - 8

50. 12
  - 3

51. 8
  - 5

52. 5
  - 4

53. 9
  - 0

54. 8
  - 3

55. 12
  - 7

56. 18
  - 9

57. 16
  - 10

58. 7
  - 4

59. 9
  - 3

60. 12
  - 10

Name: _____

Score: /60

Time: :

1. 11 − 7	2. 12 − 3	3. 5 − 2	4. 9 − 5	5. 17 − 10	6. 12 − 5
7. 8 − 3	8. 11 − 2	9. 16 − 9	10. 12 − 7	11. 10 − 4	12. 8 − 6
13. 15 − 9	14. 10 − 9	15. 11 − 5	16. 8 − 4	17. 12 − 6	18. 3 − 1
19. 11 − 2	20. 13 − 4	21. 10 − 0	22. 5 − 2	23. 9 − 7	24. 12 − 2
25. 16 − 8	26. 4 − 4	27. 12 − 4	28. 17 − 9	29. 11 − 9	30. 10 − 4
31. 11 − 8	32. 14 − 10	33. 13 − 6	34. 8 − 1	35. 14 − 9	36. 13 − 8
37. 4 − 2	38. 7 − 1	39. 8 − 5	40. 12 − 5	41. 16 − 9	42. 10 − 2
43. 9 − 6	44. 19 − 9	45. 7 − 3	46. 11 − 4	47. 13 − 7	48. 6 − 5
49. 5 − 4	50. 10 − 1	51. 7 − 5	52. 16 − 9	53. 11 − 8	54. 13 − 3
55. 9 − 2	56. 13 − 4	57. 18 − 9	58. 7 − 4	59. 20 − 10	60. 11 − 2

Name: _____

Score: /60

Time: :

1. 8 − 2	2. 15 − 9	3. 3 − 2	4. 11 − 5	5. 10 − 6	6. 12 − 8
7. 13 − 4	8. 6 − 2	9. 8 − 1	10. 18 − 9	11. 14 − 4	12. 15 − 7
13. 9 − 4	14. 12 − 4	15. 7 − 5	16. 14 − 9	17. 13 − 5	18. 10 − 3
19. 7 − 2	20. 11 − 4	21. 16 − 8	22. 8 − 4	23. 10 − 7	24. 6 − 5
25. 5 − 4	26. 13 − 4	27. 16 − 9	28. 5 − 2	29. 12 − 2	30. 10 − 4
31. 17 − 8	32. 13 − 9	33. 8 − 1	34. 12 − 3	35. 9 − 4	36. 3 − 3
37. 9 − 0	38. 6 − 1	39. 11 − 3	40. 14 − 8	41. 11 − 9	42. 9 − 8
43. 10 − 10	44. 6 − 5	45. 12 − 7	46. 0 − 0	47. 15 − 6	48. 17 − 10
49. 13 − 6	50. 12 − 9	51. 8 − 5	52. 15 − 8	53. 11 − 3	54. 5 − 3
55. 8 − 2	56. 14 − 9	57. 11 − 5	58. 8 − 4	59. 9 − 7	60. 16 − 7

Name: _____

Score: /60

Time: :

1. 12
  - 4

2. 17
  - 9

3. 10
  - 2

4. 11
  - 5

5. 3
  - 1

6. 9
  - 5

7. 15
  - 9

8. 7
  - 2

9. 9
  - 1

10. 13
  - 8

11. 9
  - 4

12. 10
  - 6

13. 17
  - 8

14. 12
  - 6

15. 8
  - 6

16. 14
  - 9

17. 5
  - 3

18. 9
  - 7

19. 14
  - 7

20. 10
  - 4

21. 12
  - 9

22. 6
  - 4

23. 11
  - 6

24. 16
  - 9

25. 9
  - 6

26. 13
  - 8

27. 19
  - 10

28. 7
  - 0

29. 11
  - 2

30. 13
  - 4

31. 16
  - 6

32. 8
  - 2

33. 14
  - 5

34. 12
  - 9

35. 10
  - 1

36. 18
  - 9

37. 11
  - 4

38. 7
  - 6

39. 14
  - 8

40. 10
  - 5

41. 4
  - 4

42. 6
  - 2

43. 9
  - 1

44. 5
  - 1

45. 12
  - 3

46. 10
  - 2

47. 16
  - 9

48. 7
  - 5

49. 15
  - 6

50. 9
  - 8

51. 11
  - 7

52. 15
  - 8

53. 7
  - 0

54. 8
  - 3

55. 10
  - 8

56. 14
  - 5

57. 12
  - 9

58. 9
  - 4

59. 11
  - 3

60. 4
  - 1

Name: _____

Score: /60

Time: :

1. 10 − 6	2. 12 − 3	3. 9 − 2	4. 11 − 5	5. 16 − 9	6. 8 − 5
7. 11 − 3	8. 18 − 9	9. 15 − 6	10. 9 − 3	11. 13 − 4	12. 10 − 7
13. 8 − 4	14. 16 − 7	15. 13 − 8	16. 11 − 9	17. 8 − 0	18. 10 − 3
19. 11 − 8	20. 17 − 8	21. 19 − 9	22. 6 − 4	23. 8 − 7	24. 13 − 6
25. 15 − 5	26. 4 − 4	27. 9 − 3	28. 11 − 7	29. 20 − 10	30. 5 − 4
31. 8 − 1	32. 13 − 9	33. 16 − 8	34. 7 − 6	35. 11 − 4	36. 10 − 3
37. 15 − 6	38. 11 − 5	39. 14 − 9	40. 9 − 0	41. 9 − 7	42. 13 − 8
43. 6 − 1	44. 14 − 5	45. 3 − 0	46. 11 − 2	47. 17 − 9	48. 14 − 8
49. 7 − 4	50. 3 − 1	51. 5 − 5	52. 12 − 4	53. 16 − 7	54. 6 − 3
55. 10 − 10	56. 5 − 4	57. 8 − 5	58. 13 − 4	59. 15 − 9	60. 10 − 1

Day 55

Subtracting 0-20

Name: _____

Score: /60

Time: :

1. 15
   - 6

2. 7
   - 3

3. 12
   - 9

4. 11
   - 5

5. 17
   - 8

6. 9
   - 6

7. 12
   - 4

8. 7
   - 2

9. 13
   - 5

10. 14
    - 7

11. 11
    - 9

12. 6
    - 2

13. 14
    - 9

14. 17
    - 8

15. 10
    - 1

16. 12
    - 6

17. 9
    - 0

18. 8
    - 3

19. 12
    - 2

20. 11
    - 4

21. 12
    - 8

22. 16
    - 8

23. 13
    - 9

24. 9
    - 7

25. 17
    - 9

26. 10
    - 4

27. 4
    - 3

28. 11
    - 2

29. 2
    - 2

30. 7
    - 4

31. 6
    - 1

32. 15
    - 8

33. 9
    - 1

34. 11
    - 1

35. 8
    - 4

36. 16
    - 9

37. 9
    - 3

38. 8
    - 7

39. 20
    - 10

40. 6
    - 5

41. 14
    - 10

42. 15
    - 9

43. 11
    - 3

44. 8
    - 5

45. 13
    - 4

46. 14
    - 8

47. 5
    - 1

48. 11
    - 5

49. 10
    - 3

50. 16
    - 7

51. 13
    - 5

52. 11
    - 4

53. 10
    - 0

54. 12
    - 4

55. 14
    - 5

56. 11
    - 8

57. 12
    - 5

58. 13
    - 8

59. 18
    - 10

60. 15
    - 9

Name: _____

Score: /60

Time: :

1. $\begin{array}{r} 9 \\ -7 \\ \hline \end{array}$
2. $\begin{array}{r} 6 \\ -2 \\ \hline \end{array}$
3. $\begin{array}{r} 16 \\ -7 \\ \hline \end{array}$
4. $\begin{array}{r} 11 \\ -5 \\ \hline \end{array}$
5. $\begin{array}{r} 13 \\ -9 \\ \hline \end{array}$
6. $\begin{array}{r} 12 \\ -7 \\ \hline \end{array}$

7. $\begin{array}{r} 9 \\ -6 \\ \hline \end{array}$
8. $\begin{array}{r} 15 \\ -7 \\ \hline \end{array}$
9. $\begin{array}{r} 16 \\ -10 \\ \hline \end{array}$
10. $\begin{array}{r} 13 \\ -3 \\ \hline \end{array}$
11. $\begin{array}{r} 8 \\ -4 \\ \hline \end{array}$
12. $\begin{array}{r} 11 \\ -3 \\ \hline \end{array}$

13. $\begin{array}{r} 13 \\ -4 \\ \hline \end{array}$
14. $\begin{array}{r} 17 \\ -9 \\ \hline \end{array}$
15. $\begin{array}{r} 10 \\ -1 \\ \hline \end{array}$
16. $\begin{array}{r} 13 \\ -8 \\ \hline \end{array}$
17. $\begin{array}{r} 5 \\ -1 \\ \hline \end{array}$
18. $\begin{array}{r} 9 \\ -3 \\ \hline \end{array}$

19. $\begin{array}{r} 7 \\ -2 \\ \hline \end{array}$
20. $\begin{array}{r} 11 \\ -4 \\ \hline \end{array}$
21. $\begin{array}{r} 12 \\ -9 \\ \hline \end{array}$
22. $\begin{array}{r} 15 \\ -6 \\ \hline \end{array}$
23. $\begin{array}{r} 18 \\ -9 \\ \hline \end{array}$
24. $\begin{array}{r} 7 \\ -6 \\ \hline \end{array}$

25. $\begin{array}{r} 6 \\ -5 \\ \hline \end{array}$
26. $\begin{array}{r} 14 \\ -8 \\ \hline \end{array}$
27. $\begin{array}{r} 16 \\ -9 \\ \hline \end{array}$
28. $\begin{array}{r} 11 \\ -6 \\ \hline \end{array}$
29. $\begin{array}{r} 10 \\ -2 \\ \hline \end{array}$
30. $\begin{array}{r} 8 \\ -7 \\ \hline \end{array}$

31. $\begin{array}{r} 11 \\ -1 \\ \hline \end{array}$
32. $\begin{array}{r} 4 \\ -4 \\ \hline \end{array}$
33. $\begin{array}{r} 13 \\ -5 \\ \hline \end{array}$
34. $\begin{array}{r} 6 \\ -1 \\ \hline \end{array}$
35. $\begin{array}{r} 12 \\ -7 \\ \hline \end{array}$
36. $\begin{array}{r} 17 \\ -8 \\ \hline \end{array}$

37. $\begin{array}{r} 15 \\ -9 \\ \hline \end{array}$
38. $\begin{array}{r} 10 \\ -8 \\ \hline \end{array}$
39. $\begin{array}{r} 13 \\ -7 \\ \hline \end{array}$
40. $\begin{array}{r} 5 \\ -3 \\ \hline \end{array}$
41. $\begin{array}{r} 11 \\ -5 \\ \hline \end{array}$
42. $\begin{array}{r} 6 \\ -2 \\ \hline \end{array}$

43. $\begin{array}{r} 12 \\ -5 \\ \hline \end{array}$
44. $\begin{array}{r} 9 \\ -5 \\ \hline \end{array}$
45. $\begin{array}{r} 12 \\ -10 \\ \hline \end{array}$
46. $\begin{array}{r} 12 \\ -2 \\ \hline \end{array}$
47. $\begin{array}{r} 14 \\ -9 \\ \hline \end{array}$
48. $\begin{array}{r} 10 \\ -5 \\ \hline \end{array}$

49. $\begin{array}{r} 15 \\ -8 \\ \hline \end{array}$
50. $\begin{array}{r} 12 \\ -3 \\ \hline \end{array}$
51. $\begin{array}{r} 8 \\ -5 \\ \hline \end{array}$
52. $\begin{array}{r} 5 \\ -4 \\ \hline \end{array}$
53. $\begin{array}{r} 9 \\ -0 \\ \hline \end{array}$
54. $\begin{array}{r} 8 \\ -3 \\ \hline \end{array}$

55. $\begin{array}{r} 18 \\ -9 \\ \hline \end{array}$
56. $\begin{array}{r} 12 \\ -7 \\ \hline \end{array}$
57. $\begin{array}{r} 16 \\ -10 \\ \hline \end{array}$
58. $\begin{array}{r} 7 \\ -4 \\ \hline \end{array}$
59. $\begin{array}{r} 9 \\ -3 \\ \hline \end{array}$
60. $\begin{array}{r} 10 \\ -3 \\ \hline \end{array}$

Day 57
Subtracting 0-20

Name: _____

Score: /60

Time: :

1. 13 - 4
2. 10 - 3
3. 15 - 8
4. 8 - 5
5. 12 - 9
6. 7 - 5

7. 8 - 3
8. 11 - 2
9. 16 - 9
10. 12 - 7
11. 10 - 4
12. 8 - 6

13. 15 - 9
14. 10 - 9
15. 11 - 5
16. 8 - 4
17. 12 - 6
18. 7 - 1

19. 11 - 2
20. 13 - 4
21. 10 - 0
22. 5 - 2
23. 9 - 7
24. 12 - 2

25. 16 - 8
26. 4 - 4
27. 12 - 4
28. 17 - 9
29. 11 - 9
30. 10 - 4

31. 11 - 8
32. 14 - 10
33. 13 - 6
34. 8 - 1
35. 14 - 9
36. 13 - 8

37. 4 - 2
38. 7 - 1
39. 8 - 5
40. 12 - 5
41. 16 - 9
42. 10 - 2

43. 9 - 6
44. 19 - 9
45. 7 - 3
46. 11 - 4
47. 13 - 7
48. 6 - 5

49. 5 - 4
50. 10 - 1
51. 7 - 5
52. 16 - 9
53. 11 - 8
54. 13 - 3

55. 9 - 2
56. 13 - 4
57. 18 - 9
58. 7 - 4
59. 20 - 10
60. 11 - 2

© Libro Studio LLC 2019

Day 58
Subtracting 0-20

Name: _____

Score: /60

Time: :

1. 17 - 9
2. 13 - 3
3. 7 - 2
4. 11 - 9
5. 10 - 0
6. 14 - 10

7. 13 - 4
8. 6 - 2
9. 8 - 1
10. 18 - 9
11. 14 - 4
12. 15 - 7

13. 9 - 4
14. 12 - 4
15. 7 - 5
16. 14 - 9
17. 13 - 5
18. 10 - 3

19. 7 - 2
20. 11 - 4
21. 16 - 8
22. 8 - 4
23. 10 - 7
24. 6 - 5

25. 5 - 4
26. 13 - 4
27. 16 - 9
28. 5 - 2
29. 12 - 2
30. 10 - 4

31. 17 - 8
32. 13 - 9
33. 8 - 1
34. 12 - 3
35. 9 - 4
36. 3 - 3

37. 9 - 0
38. 6 - 1
39. 11 - 3
40. 14 - 8
41. 11 - 9
42. 9 - 8

43. 10 - 10
44. 6 - 5
45. 12 - 7
46. 0 - 0
47. 15 - 6
48. 17 - 10

49. 13 - 6
50. 12 - 9
51. 8 - 5
52. 15 - 8
53. 11 - 3
54. 5 - 3

55. 8 - 2
56. 14 - 9
57. 11 - 5
58. 8 - 4
59. 9 - 7
60. 16 - 7

© Libro Studio LLC 2019

Name: _____

Score: /60

Time: :

1. $\begin{array}{r} 10 \\ -\ 9 \\ \hline \end{array}$ 2. $\begin{array}{r} 6 \\ -\ 5 \\ \hline \end{array}$ 3. $\begin{array}{r} 9 \\ -\ 2 \\ \hline \end{array}$ 4. $\begin{array}{r} 11 \\ -\ 8 \\ \hline \end{array}$ 5. $\begin{array}{r} 15 \\ -\ 6 \\ \hline \end{array}$ 6. $\begin{array}{r} 12 \\ -\ 4 \\ \hline \end{array}$

7. $\begin{array}{r} 15 \\ -\ 9 \\ \hline \end{array}$ 8. $\begin{array}{r} 7 \\ -\ 2 \\ \hline \end{array}$ 9. $\begin{array}{r} 9 \\ -\ 1 \\ \hline \end{array}$ 10. $\begin{array}{r} 13 \\ -\ 8 \\ \hline \end{array}$ 11. $\begin{array}{r} 9 \\ -\ 4 \\ \hline \end{array}$ 12. $\begin{array}{r} 10 \\ -\ 6 \\ \hline \end{array}$

13. $\begin{array}{r} 17 \\ -\ 8 \\ \hline \end{array}$ 14. $\begin{array}{r} 12 \\ -\ 6 \\ \hline \end{array}$ 15. $\begin{array}{r} 8 \\ -\ 6 \\ \hline \end{array}$ 16. $\begin{array}{r} 14 \\ -\ 9 \\ \hline \end{array}$ 17. $\begin{array}{r} 5 \\ -\ 3 \\ \hline \end{array}$ 18. $\begin{array}{r} 9 \\ -\ 7 \\ \hline \end{array}$

19. $\begin{array}{r} 11 \\ -\ 6 \\ \hline \end{array}$ 20. $\begin{array}{r} 10 \\ -\ 4 \\ \hline \end{array}$ 21. $\begin{array}{r} 12 \\ -\ 9 \\ \hline \end{array}$ 22. $\begin{array}{r} 6 \\ -\ 4 \\ \hline \end{array}$ 23. $\begin{array}{r} 14 \\ -\ 7 \\ \hline \end{array}$ 24. $\begin{array}{r} 16 \\ -\ 9 \\ \hline \end{array}$

25. $\begin{array}{r} 9 \\ -\ 6 \\ \hline \end{array}$ 26. $\begin{array}{r} 13 \\ -\ 8 \\ \hline \end{array}$ 27. $\begin{array}{r} 19 \\ -\ 10 \\ \hline \end{array}$ 28. $\begin{array}{r} 7 \\ -\ 0 \\ \hline \end{array}$ 29. $\begin{array}{r} 11 \\ -\ 2 \\ \hline \end{array}$ 30. $\begin{array}{r} 13 \\ -\ 4 \\ \hline \end{array}$

31. $\begin{array}{r} 10 \\ -\ 1 \\ \hline \end{array}$ 32. $\begin{array}{r} 8 \\ -\ 2 \\ \hline \end{array}$ 33. $\begin{array}{r} 14 \\ -\ 5 \\ \hline \end{array}$ 34. $\begin{array}{r} 12 \\ -\ 9 \\ \hline \end{array}$ 35. $\begin{array}{r} 16 \\ -\ 6 \\ \hline \end{array}$ 36. $\begin{array}{r} 18 \\ -\ 9 \\ \hline \end{array}$

37. $\begin{array}{r} 11 \\ -\ 4 \\ \hline \end{array}$ 38. $\begin{array}{r} 7 \\ -\ 6 \\ \hline \end{array}$ 39. $\begin{array}{r} 14 \\ -\ 8 \\ \hline \end{array}$ 40. $\begin{array}{r} 10 \\ -\ 5 \\ \hline \end{array}$ 41. $\begin{array}{r} 4 \\ -\ 4 \\ \hline \end{array}$ 42. $\begin{array}{r} 6 \\ -\ 2 \\ \hline \end{array}$

43. $\begin{array}{r} 9 \\ -\ 1 \\ \hline \end{array}$ 44. $\begin{array}{r} 5 \\ -\ 1 \\ \hline \end{array}$ 45. $\begin{array}{r} 12 \\ -\ 3 \\ \hline \end{array}$ 46. $\begin{array}{r} 10 \\ -\ 2 \\ \hline \end{array}$ 47. $\begin{array}{r} 16 \\ -\ 9 \\ \hline \end{array}$ 48. $\begin{array}{r} 7 \\ -\ 5 \\ \hline \end{array}$

49. $\begin{array}{r} 15 \\ -\ 6 \\ \hline \end{array}$ 50. $\begin{array}{r} 9 \\ -\ 8 \\ \hline \end{array}$ 51. $\begin{array}{r} 11 \\ -\ 7 \\ \hline \end{array}$ 52. $\begin{array}{r} 15 \\ -\ 8 \\ \hline \end{array}$ 53. $\begin{array}{r} 7 \\ -\ 0 \\ \hline \end{array}$ 54. $\begin{array}{r} 8 \\ -\ 3 \\ \hline \end{array}$

55. $\begin{array}{r} 9 \\ -\ 4 \\ \hline \end{array}$ 56. $\begin{array}{r} 14 \\ -\ 5 \\ \hline \end{array}$ 57. $\begin{array}{r} 12 \\ -\ 9 \\ \hline \end{array}$ 58. $\begin{array}{r} 10 \\ -\ 8 \\ \hline \end{array}$ 59. $\begin{array}{r} 11 \\ -\ 3 \\ \hline \end{array}$ 60. $\begin{array}{r} 4 \\ -\ 1 \\ \hline \end{array}$

⏰ Day 60
Subtracting 0-20

Name: _____

Score: /60

Time: :

1. 7 − 6	2. 14 − 6	3. 9 − 7	4. 11 − 2	5. 16 − 10	6. 14 − 9
7. 13 − 4	8. 18 − 9	9. 15 − 6	10. 9 − 3	11. 11 − 3	12. 10 − 7
13. 8 − 0	14. 16 − 7	15. 13 − 8	16. 11 − 9	17. 8 − 4	18. 10 − 3
19. 11 − 8	20. 17 − 8	21. 19 − 9	22. 6 − 4	23. 8 − 7	24. 13 − 6
25. 11 − 7	26. 4 − 4	27. 9 − 3	28. 15 − 5	29. 20 − 10	30. 5 − 4
31. 8 − 1	32. 13 − 9	33. 16 − 8	34. 7 − 6	35. 11 − 4	36. 10 − 3
37. 14 − 9	38. 11 − 5	39. 15 − 6	40. 9 − 0	41. 9 − 7	42. 13 − 8
43. 6 − 1	44. 14 − 5	45. 12 − 3	46. 11 − 2	47. 17 − 9	48. 14 − 8
49. 7 − 4	50. 3 − 1	51. 5 − 5	52. 12 − 4	53. 16 − 7	54. 6 − 3
55. 13 − 4	56. 5 − 4	57. 8 − 5	58. 10 − 4	59. 15 − 9	60. 10 − 1

Day 61

Subtracting 0-20

Name: _____

Score: /60

Time: :

1. 8 − 8	2. 12 − 3	3. 9 − 6	4. 15 − 6	5. 11 − 8	6. 14 − 5
7. 10 − 1	8. 7 − 2	9. 13 − 5	10. 14 − 7	11. 11 − 9	12. 6 − 2
13. 14 − 9	14. 17 − 8	15. 14 − 4	16. 12 − 6	17. 9 − 0	18. 8 − 3
19. 12 − 2	20. 11 − 4	21. 12 − 8	22. 16 − 8	23. 13 − 9	24. 9 − 7
25. 11 − 2	26. 10 − 4	27. 4 − 3	28. 17 − 9	29. 2 − 2	30. 7 − 4
31. 6 − 1	32. 15 − 8	33. 9 − 1	34. 11 − 1	35. 8 − 4	36. 16 − 9
37. 9 − 3	38. 8 − 7	39. 20 − 10	40. 6 − 5	41. 14 − 10	42. 15 − 9
43. 11 − 3	44. 8 − 5	45. 13 − 4	46. 14 − 8	47. 18 − 10	48. 11 − 5
49. 10 − 3	50. 16 − 7	51. 13 − 5	52. 11 − 4	53. 10 − 0	54. 12 − 4
55. 12 − 5	56. 11 − 8	57. 14 − 5	58. 13 − 8	59. 17 − 9	60. 15 − 9

Day 62

Subtracting 0-20

Name: _____

Score: /60

Time: :

1. 9 - 8
2. 11 - 3
3. 14 - 6
4. 12 - 5
5. 10 - 0
6. 8 - 5

7. 9 - 6
8. 15 - 7
9. 16 - 10
10. 13 - 3
11. 8 - 4
12. 11 - 3

13. 13 - 8
14. 17 - 9
15. 10 - 1
16. 13 - 4
17. 5 - 1
18. 9 - 3

19. 7 - 2
20. 11 - 4
21. 12 - 9
22. 15 - 6
23. 18 - 9
24. 7 - 6

25. 6 - 5
26. 14 - 8
27. 16 - 9
28. 11 - 6
29. 10 - 2
30. 8 - 7

31. 11 - 1
32. 9 - 4
33. 13 - 5
34. 6 - 1
35. 12 - 7
36. 17 - 8

37. 15 - 9
38. 10 - 8
39. 13 - 7
40. 5 - 3
41. 11 - 5
42. 6 - 2

43. 12 - 2
44. 9 - 5
45. 12 - 10
46. 12 - 5
47. 14 - 9
48. 10 - 5

49. 15 - 8
50. 12 - 3
51. 8 - 5
52. 5 - 4
53. 9 - 0
54. 8 - 3

55. 10 - 3
56. 12 - 7
57. 16 - 10
58. 7 - 4
59. 9 - 3
60. 18 - 9

© Libro Studio LLC 2019

Name: _____

Score: /60

Time: :

1. $17 - 8$	2. $15 - 7$	3. $9 - 2$	4. $6 - 5$	5. $13 - 9$	6. $10 - 7$
7. $12 - 4$	8. $7 - 2$	9. $13 - 5$	10. $14 - 7$	11. $11 - 9$	12. $6 - 2$
13. $14 - 9$	14. $17 - 8$	15. $10 - 1$	16. $12 - 6$	17. $9 - 0$	18. $8 - 3$
19. $12 - 2$	20. $11 - 4$	21. $12 - 8$	22. $16 - 8$	23. $13 - 9$	24. $9 - 7$
25. $7 - 4$	26. $10 - 4$	27. $4 - 3$	28. $20 - 10$	29. $17 - 9$	30. $3 - 2$
31. $9 - 1$	32. $15 - 8$	33. $6 - 1$	34. $11 - 1$	35. $8 - 4$	36. $16 - 9$
37. $9 - 3$	38. $8 - 7$	39. $11 - 2$	40. $6 - 5$	41. $14 - 10$	42. $15 - 9$
43. $11 - 3$	44. $8 - 5$	45. $13 - 4$	46. $14 - 8$	47. $5 - 1$	48. $11 - 5$
49. $10 - 3$	50. $16 - 7$	51. $14 - 5$	52. $11 - 4$	53. $10 - 0$	54. $12 - 4$
55. $13 - 5$	56. $11 - 8$	57. $12 - 5$	58. $13 - 8$	59. $18 - 10$	60. $15 - 9$

Day 64
Subtracting 0-20

Name: _____

Score: /60

Time: :

1. 11 − 4
2. 8 − 3
3. 16 − 7
4. 12 − 8
5. 15 − 9
6. 7 − 5

7. 9 − 6
8. 15 − 7
9. 16 − 10
10. 13 − 3
11. 8 − 4
12. 11 − 3

13. 11 − 4
14. 17 − 9
15. 10 − 1
16. 13 − 8
17. 5 − 1
18. 6 − 3

19. 7 − 2
20. 13 − 4
21. 12 − 9
22. 15 − 6
23. 18 − 9
24. 7 − 6

25. 8 − 5
26. 14 − 8
27. 16 − 9
28. 11 − 6
29. 10 − 2
30. 8 − 7

31. 11 − 1
32. 6 − 4
33. 13 − 5
34. 6 − 1
35. 12 − 7
36. 17 − 8

37. 15 − 9
38. 10 − 8
39. 13 − 7
40. 5 − 3
41. 11 − 5
42. 6 − 2

43. 12 − 5
44. 9 − 5
45. 12 − 10
46. 12 − 2
47. 14 − 9
48. 10 − 5

49. 15 − 8
50. 12 − 3
51. 8 − 5
52. 5 − 4
53. 9 − 0
54. 8 − 3

55. 18 − 9
56. 12 − 7
57. 16 − 10
58. 7 − 4
59. 9 − 3
60. 10 − 3

© Libro Studio LLC 2019

⏱ Day 65
Subtracting 0-20

Name: _____

Score: /60

Time: :

1. 5 − 4
2. 16 − 7
3. 12 − 5
4. 11 − 9
5. 6 − 3
6. 7 − 5

7. 15 − 9
8. 7 − 2
9. 9 − 1
10. 13 − 8
11. 9 − 4
12. 10 − 6

13. 17 − 8
14. 12 − 6
15. 8 − 6
16. 14 − 9
17. 5 − 3
18. 9 − 7

19. 11 − 6
20. 10 − 4
21. 12 − 9
22. 6 − 4
23. 14 − 7
24. 16 − 9

25. 9 − 6
26. 13 − 8
27. 19 − 10
28. 7 − 0
29. 11 − 2
30. 13 − 4

31. 10 − 1
32. 8 − 2
33. 14 − 5
34. 12 − 9
35. 16 − 6
36. 18 − 9

37. 11 − 4
38. 7 − 6
39. 14 − 8
40. 10 − 5
41. 4 − 4
42. 6 − 2

43. 9 − 1
44. 5 − 1
45. 12 − 3
46. 10 − 2
47. 16 − 9
48. 7 − 5

49. 15 − 6
50. 9 − 8
51. 11 − 7
52. 15 − 8
53. 7 − 0
54. 8 − 3

55. 9 − 4
56. 14 − 5
57. 12 − 9
58. 10 − 8
59. 11 − 3
60. 4 − 1

Name: _____

Score: /60

Time: :

1. 15 − 9	2. 10 − 8	3. 9 − 2	4. 17 − 9	5. 8 − 4	6. 11 − 5
7. 9 − 6	8. 15 − 7	9. 16 − 10	10. 13 − 3	11. 8 − 4	12. 11 − 3
13. 13 − 8	14. 17 − 9	15. 10 − 1	16. 13 − 4	17. 5 − 1	18. 9 − 3
19. 7 − 2	20. 11 − 4	21. 12 − 10	22. 15 − 6	23. 18 − 9	24. 7 − 6
25. 8 − 5	26. 14 − 8	27. 16 − 9	28. 11 − 6	29. 10 − 2	30. 8 − 7
31. 12 − 9	32. 15 − 7	33. 13 − 5	34. 6 − 1	35. 12 − 7	36. 17 − 8
37. 15 − 9	38. 10 − 8	39. 13 − 7	40. 5 − 3	41. 11 − 5	42. 6 − 2
43. 10 − 5	44. 9 − 5	45. 12 − 2	46. 12 − 5	47. 14 − 9	48. 12 − 2
49. 15 − 8	50. 13 − 3	51. 8 − 5	52. 5 − 4	53. 9 − 0	54. 8 − 3
55. 12 − 7	56. 10 − 3	57. 16 − 10	58. 7 − 4	59. 9 − 3	60. 18 − 9

Day 67
Subtracting 0-20

Name: _____

Score: /60

Time: :

1. 8 − 7
2. 15 − 6
3. 13 − 8
4. 10 − 6
5. 9 − 2
6. 6 − 4

7. 8 − 3
8. 11 − 2
9. 16 − 9
10. 12 − 7
11. 10 − 4
12. 8 − 6

13. 15 − 9
14. 10 − 9
15. 11 − 5
16. 8 − 4
17. 12 − 6
18. 9 − 5

19. 11 − 2
20. 13 − 4
21. 10 − 0
22. 5 − 2
23. 9 − 7
24. 12 − 2

25. 16 − 8
26. 4 − 4
27. 12 − 4
28. 17 − 9
29. 11 − 9
30. 10 − 4

31. 11 − 8
32. 14 − 10
33. 13 − 6
34. 8 − 1
35. 14 − 9
36. 13 − 8

37. 4 − 2
38. 7 − 1
39. 8 − 5
40. 12 − 5
41. 16 − 9
42. 10 − 2

43. 9 − 6
44. 19 − 9
45. 7 − 3
46. 11 − 4
47. 13 − 7
48. 6 − 5

49. 5 − 4
50. 10 − 2
51. 7 − 5
52. 16 − 9
53. 11 − 8
54. 13 − 3

55. 9 − 2
56. 13 − 4
57. 18 − 9
58. 7 − 4
59. 20 − 10
60. 11 − 2

© Libro Studio LLC 2019

⏰ Day 68
Subtracting 0-20

Name: _____

Score: /60

Time: :

1. $\begin{array}{r} 17 \\ -\ 8 \\ \hline \end{array}$	2. $\begin{array}{r} 14 \\ -\ 5 \\ \hline \end{array}$	3. $\begin{array}{r} 8 \\ -\ 2 \\ \hline \end{array}$	4. $\begin{array}{r} 8 \\ -\ 5 \\ \hline \end{array}$	5. $\begin{array}{r} 11 \\ -\ 3 \\ \hline \end{array}$	6. $\begin{array}{r} 12 \\ -\ 5 \\ \hline \end{array}$
7. $\begin{array}{r} 11 \\ -\ 6 \\ \hline \end{array}$	8. $\begin{array}{r} 15 \\ -\ 7 \\ \hline \end{array}$	9. $\begin{array}{r} 16 \\ -\ 10 \\ \hline \end{array}$	10. $\begin{array}{r} 13 \\ -\ 3 \\ \hline \end{array}$	11. $\begin{array}{r} 8 \\ -\ 4 \\ \hline \end{array}$	12. $\begin{array}{r} 11 \\ -\ 3 \\ \hline \end{array}$
13. $\begin{array}{r} 11 \\ -\ 4 \\ \hline \end{array}$	14. $\begin{array}{r} 17 \\ -\ 9 \\ \hline \end{array}$	15. $\begin{array}{r} 10 \\ -\ 1 \\ \hline \end{array}$	16. $\begin{array}{r} 15 \\ -\ 8 \\ \hline \end{array}$	17. $\begin{array}{r} 5 \\ -\ 1 \\ \hline \end{array}$	18. $\begin{array}{r} 9 \\ -\ 3 \\ \hline \end{array}$
19. $\begin{array}{r} 7 \\ -\ 2 \\ \hline \end{array}$	20. $\begin{array}{r} 13 \\ -\ 4 \\ \hline \end{array}$	21. $\begin{array}{r} 12 \\ -\ 9 \\ \hline \end{array}$	22. $\begin{array}{r} 15 \\ -\ 6 \\ \hline \end{array}$	23. $\begin{array}{r} 18 \\ -\ 9 \\ \hline \end{array}$	24. $\begin{array}{r} 9 \\ -\ 7 \\ \hline \end{array}$
25. $\begin{array}{r} 6 \\ -\ 5 \\ \hline \end{array}$	26. $\begin{array}{r} 14 \\ -\ 8 \\ \hline \end{array}$	27. $\begin{array}{r} 16 \\ -\ 9 \\ \hline \end{array}$	28. $\begin{array}{r} 11 \\ -\ 6 \\ \hline \end{array}$	29. $\begin{array}{r} 10 \\ -\ 2 \\ \hline \end{array}$	30. $\begin{array}{r} 8 \\ -\ 7 \\ \hline \end{array}$
31. $\begin{array}{r} 11 \\ -\ 1 \\ \hline \end{array}$	32. $\begin{array}{r} 4 \\ -\ 4 \\ \hline \end{array}$	33. $\begin{array}{r} 13 \\ -\ 5 \\ \hline \end{array}$	34. $\begin{array}{r} 6 \\ -\ 1 \\ \hline \end{array}$	35. $\begin{array}{r} 12 \\ -\ 7 \\ \hline \end{array}$	36. $\begin{array}{r} 17 \\ -\ 8 \\ \hline \end{array}$
37. $\begin{array}{r} 14 \\ -\ 9 \\ \hline \end{array}$	38. $\begin{array}{r} 10 \\ -\ 8 \\ \hline \end{array}$	39. $\begin{array}{r} 13 \\ -\ 7 \\ \hline \end{array}$	40. $\begin{array}{r} 5 \\ -\ 3 \\ \hline \end{array}$	41. $\begin{array}{r} 11 \\ -\ 5 \\ \hline \end{array}$	42. $\begin{array}{r} 7 \\ -\ 2 \\ \hline \end{array}$
43. $\begin{array}{r} 12 \\ -\ 5 \\ \hline \end{array}$	44. $\begin{array}{r} 9 \\ -\ 5 \\ \hline \end{array}$	45. $\begin{array}{r} 12 \\ -\ 10 \\ \hline \end{array}$	46. $\begin{array}{r} 12 \\ -\ 2 \\ \hline \end{array}$	47. $\begin{array}{r} 15 \\ -\ 9 \\ \hline \end{array}$	48. $\begin{array}{r} 10 \\ -\ 5 \\ \hline \end{array}$
49. $\begin{array}{r} 13 \\ -\ 8 \\ \hline \end{array}$	50. $\begin{array}{r} 13 \\ -\ 6 \\ \hline \end{array}$	51. $\begin{array}{r} 8 \\ -\ 5 \\ \hline \end{array}$	52. $\begin{array}{r} 5 \\ -\ 4 \\ \hline \end{array}$	53. $\begin{array}{r} 9 \\ -\ 0 \\ \hline \end{array}$	54. $\begin{array}{r} 8 \\ -\ 3 \\ \hline \end{array}$
55. $\begin{array}{r} 16 \\ -\ 9 \\ \hline \end{array}$	56. $\begin{array}{r} 12 \\ -\ 7 \\ \hline \end{array}$	57. $\begin{array}{r} 14 \\ -\ 10 \\ \hline \end{array}$	58. $\begin{array}{r} 7 \\ -\ 4 \\ \hline \end{array}$	59. $\begin{array}{r} 9 \\ -\ 3 \\ \hline \end{array}$	60. $\begin{array}{r} 10 \\ -\ 3 \\ \hline \end{array}$

Day 69

Subtracting 0-20

Name: _____

Score: /60

Time: :

1. $\begin{array}{r} 7 \\ -4 \end{array}$	2. $\begin{array}{r} 12 \\ -8 \end{array}$	3. $\begin{array}{r} 9 \\ -2 \end{array}$	4. $\begin{array}{r} 13 \\ -6 \end{array}$	5. $\begin{array}{r} 6 \\ -0 \end{array}$	6. $\begin{array}{r} 15 \\ -9 \end{array}$
7. $\begin{array}{r} 8 \\ -3 \end{array}$	8. $\begin{array}{r} 11 \\ -2 \end{array}$	9. $\begin{array}{r} 16 \\ -9 \end{array}$	10. $\begin{array}{r} 12 \\ -7 \end{array}$	11. $\begin{array}{r} 10 \\ -4 \end{array}$	12. $\begin{array}{r} 8 \\ -6 \end{array}$
13. $\begin{array}{r} 15 \\ -9 \end{array}$	14. $\begin{array}{r} 10 \\ -9 \end{array}$	15. $\begin{array}{r} 11 \\ -5 \end{array}$	16. $\begin{array}{r} 8 \\ -4 \end{array}$	17. $\begin{array}{r} 11 \\ -2 \end{array}$	18. $\begin{array}{r} 13 \\ -3 \end{array}$
19. $\begin{array}{r} 12 \\ -6 \end{array}$	20. $\begin{array}{r} 13 \\ -4 \end{array}$	21. $\begin{array}{r} 10 \\ -0 \end{array}$	22. $\begin{array}{r} 5 \\ -2 \end{array}$	23. $\begin{array}{r} 9 \\ -7 \end{array}$	24. $\begin{array}{r} 12 \\ -2 \end{array}$
25. $\begin{array}{r} 16 \\ -8 \end{array}$	26. $\begin{array}{r} 4 \\ -4 \end{array}$	27. $\begin{array}{r} 12 \\ -4 \end{array}$	28. $\begin{array}{r} 17 \\ -9 \end{array}$	29. $\begin{array}{r} 11 \\ -9 \end{array}$	30. $\begin{array}{r} 10 \\ -4 \end{array}$
31. $\begin{array}{r} 11 \\ -8 \end{array}$	32. $\begin{array}{r} 14 \\ -10 \end{array}$	33. $\begin{array}{r} 13 \\ -6 \end{array}$	34. $\begin{array}{r} 8 \\ -1 \end{array}$	35. $\begin{array}{r} 14 \\ -9 \end{array}$	36. $\begin{array}{r} 13 \\ -8 \end{array}$
37. $\begin{array}{r} 12 \\ -5 \end{array}$	38. $\begin{array}{r} 7 \\ -1 \end{array}$	39. $\begin{array}{r} 8 \\ -5 \end{array}$	40. $\begin{array}{r} 4 \\ -2 \end{array}$	41. $\begin{array}{r} 16 \\ -9 \end{array}$	42. $\begin{array}{r} 10 \\ -2 \end{array}$
43. $\begin{array}{r} 9 \\ -6 \end{array}$	44. $\begin{array}{r} 19 \\ -9 \end{array}$	45. $\begin{array}{r} 7 \\ -3 \end{array}$	46. $\begin{array}{r} 11 \\ -4 \end{array}$	47. $\begin{array}{r} 13 \\ -7 \end{array}$	48. $\begin{array}{r} 6 \\ -5 \end{array}$
49. $\begin{array}{r} 7 \\ -4 \end{array}$	50. $\begin{array}{r} 11 \\ -3 \end{array}$	51. $\begin{array}{r} 7 \\ -5 \end{array}$	52. $\begin{array}{r} 16 \\ -9 \end{array}$	53. $\begin{array}{r} 11 \\ -8 \end{array}$	54. $\begin{array}{r} 9 \\ -2 \end{array}$
55. $\begin{array}{r} 13 \\ -3 \end{array}$	56. $\begin{array}{r} 13 \\ -4 \end{array}$	57. $\begin{array}{r} 18 \\ -9 \end{array}$	58. $\begin{array}{r} 5 \\ -4 \end{array}$	59. $\begin{array}{r} 20 \\ -10 \end{array}$	60. $\begin{array}{r} 11 \\ -2 \end{array}$

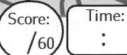

Name: _____

Score: /60

Time: :

1. 9
− 7

2. 14
− 8

3. 7
− 2

4. 12
− 5

5. 8
− 5

6. 16
− 8

7. 8
− 4

8. 15
− 7

9. 16
− 10

10. 13
− 3

11. 9
− 6

12. 11
− 3

13. 11
− 4

14. 17
− 9

15. 10
− 1

16. 13
− 8

17. 5
− 1

18. 6
− 3

19. 7
− 6

20. 13
− 4

21. 12
− 9

22. 15
− 6

23. 18
− 9

24. 7
− 2

25. 8
− 5

26. 14
− 8

27. 16
− 9

28. 11
− 6

29. 10
− 2

30. 8
− 7

31. 11
− 1

32. 4
− 4

33. 13
− 5

34. 6
− 1

35. 12
− 7

36. 17
− 8

37. 5
− 3

38. 10
− 8

39. 13
− 7

40. 15
− 9

41. 11
− 5

42. 6
− 2

43. 12
− 5

44. 9
− 5

45. 12
− 10

46. 12
− 2

47. 14
− 9

48. 10
− 5

49. 15
− 8

50. 12
− 3

51. 8
− 5

52. 5
− 4

53. 9
− 0

54. 8
− 3

55. 10
− 3

56. 12
− 7

57. 16
− 10

58. 7
− 4

59. 9
− 3

60. 16
− 9

⏰ Day 71

Subtracting 0-20

Name: _____

Score: /60

Time: :

1. 14 − 5	2. 11 − 4	3. 8 − 3	4. 9 − 7	5. 13 − 6	6. 6 − 3
7. 8 − 3	8. 11 − 2	9. 16 − 9	10. 12 − 7	11. 10 − 4	12. 8 − 6
13. 15 − 9	14. 10 − 9	15. 11 − 5	16. 8 − 4	17. 12 − 6	18. 7 − 5
19. 12 − 2	20. 13 − 4	21. 10 − 0	22. 5 − 2	23. 9 − 7	24. 11 − 2
25. 11 − 8	26. 4 − 4	27. 12 − 4	28. 17 − 9	29. 13 − 8	30. 10 − 4
31. 13 − 8	32. 14 − 10	33. 13 − 6	34. 8 − 1	35. 14 − 9	36. 11 − 8
37. 4 − 2	38. 7 − 1	39. 8 − 5	40. 12 − 5	41. 16 − 9	42. 10 − 2
43. 9 − 6	44. 19 − 9	45. 7 − 3	46. 11 − 4	47. 13 − 7	48. 6 − 5
49. 5 − 4	50. 10 − 1	51. 7 − 5	52. 16 − 9	53. 11 − 8	54. 13 − 3
55. 11 − 2	56. 13 − 4	57. 18 − 9	58. 7 − 4	59. 20 − 10	60. 9 − 2

Day 72
Subtracting 0-20

Name: _____

Score: /60

Time: :

1. 10 − 2	2. 8 − 6	3. 5 − 2	4. 9 − 5	5. 8 − 0	6. 11 − 9
7. 13 − 4	8. 6 − 2	9. 8 − 1	10. 18 − 9	11. 14 − 4	12. 15 − 7
13. 9 − 4	14. 12 − 4	15. 7 − 5	16. 14 − 9	17. 13 − 5	18. 10 − 3
19. 6 − 5	20. 11 − 4	21. 16 − 8	22. 8 − 4	23. 10 − 7	24. 7 − 2
25. 5 − 4	26. 13 − 4	27. 16 − 9	28. 5 − 2	29. 12 − 2	30. 10 − 4
31. 3 − 3	32. 13 − 9	33. 8 − 1	34. 12 − 3	35. 9 − 4	36. 17 − 8
37. 9 − 0	38. 6 − 1	39. 11 − 3	40. 14 − 8	41. 10 − 10	42. 9 − 8
43. 11 − 9	44. 6 − 5	45. 12 − 7	46. 0 − 0	47. 15 − 6	48. 17 − 10
49. 13 − 6	50. 12 − 9	51. 8 − 5	52. 15 − 8	53. 11 − 3	54. 5 − 3
55. 8 − 2	56. 14 − 9	57. 11 − 5	58. 8 − 4	59. 9 − 7	60. 16 − 7

Day 73
Subtracting 0-20

Name: _____

Score: /60

Time: :

1. 6 - 1	2. 11 - 7	3. 13 - 9	4. 7 - 4	5. 12 - 5	6. 8 - 2
7. 12 - 4	8. 7 - 2	9. 13 - 5	10. 14 - 7	11. 11 - 9	12. 6 - 2
13. 14 - 9	14. 17 - 8	15. 10 - 1	16. 12 - 6	17. 9 - 0	18. 8 - 3
19. 12 - 2	20. 11 - 4	21. 12 - 8	22. 16 - 8	23. 13 - 9	24. 9 - 7
25. 17 - 9	26. 10 - 4	27. 4 - 3	28. 11 - 2	29. 2 - 2	30. 7 - 4
31. 6 - 1	32. 15 - 8	33. 9 - 1	34. 11 - 1	35. 8 - 4	36. 16 - 9
37. 20 - 10	38. 8 - 7	39. 9 - 3	40. 6 - 5	41. 14 - 10	42. 15 - 9
43. 11 - 3	44. 8 - 5	45. 13 - 4	46. 14 - 8	47. 5 - 1	48. 11 - 5
49. 12 - 4	50. 16 - 7	51. 13 - 5	52. 11 - 4	53. 10 - 0	54. 10 - 3
55. 14 - 5	56. 11 - 8	57. 12 - 5	58. 13 - 8	59. 18 - 10	60. 15 - 9

Name: _____

Score: /60

Time: :

1. 8 − 6	2. 12 − 3	3. 14 − 8	4. 9 − 5	5. 11 − 8	6. 10 − 6
7. 11 − 3	8. 15 − 7	9. 16 − 10	10. 13 − 3	11. 8 − 4	12. 9 − 6
13. 13 − 4	14. 17 − 9	15. 10 − 1	16. 13 − 8	17. 5 − 1	18. 9 − 3
19. 7 − 2	20. 11 − 4	21. 12 − 9	22. 15 − 6	23. 18 − 9	24. 7 − 6
25. 6 − 5	26. 14 − 8	27. 16 − 9	28. 11 − 6	29. 10 − 2	30. 8 − 7
31. 11 − 1	32. 4 − 4	33. 13 − 5	34. 6 − 1	35. 12 − 7	36. 17 − 8
37. 15 − 9	38. 10 − 8	39. 13 − 7	40. 5 − 3	41. 11 − 5	42. 6 − 2
43. 12 − 5	44. 9 − 5	45. 10 − 3	46. 12 − 2	47. 14 − 9	48. 10 − 5
49. 15 − 8	50. 12 − 3	51. 8 − 5	52. 5 − 4	53. 9 − 0	54. 8 − 3
55. 12 − 7	56. 18 − 9	57. 16 − 10	58. 7 − 4	59. 9 − 3	60. 12 − 10

Name: _____

Score: /60

Time: :

1. 4
   - 1

2. 5
   - 3

3. 2
   - 2

4. 5
   - 1

5. 3
   - 0

6. 5
   - 5

7. 15
   - 9

8. 7
   - 2

9. 9
   - 1

10. 13
    - 8

11. 9
    - 4

12. 10
    - 6

13. 14
    - 8

14. 12
    - 6

15. 8
    - 6

16. 17
    - 9

17. 5
    - 3

18. 9
    - 7

19. 14
    - 7

20. 10
    - 4

21. 12
    - 9

22. 6
    - 4

23. 11
    - 6

24. 16
    - 9

25. 9
    - 6

26. 13
    - 8

27. 19
    - 10

28. 7
    - 0

29. 11
    - 2

30. 13
    - 4

31. 12
    - 9

32. 8
    - 2

33. 14
    - 5

34. 16
    - 6

35. 10
    - 1

36. 18
    - 9

37. 11
    - 4

38. 7
    - 6

39. 14
    - 8

40. 10
    - 5

41. 4
    - 4

42. 6
    - 2

43. 9
    - 1

44. 5
    - 1

45. 12
    - 3

46. 10
    - 2

47. 16
    - 9

48. 7
    - 5

49. 7
    - 6

50. 9
    - 8

51. 11
    - 7

52. 15
    - 8

53. 14
    - 6

54. 8
    - 3

55. 11
    - 3

56. 14
    - 5

57. 12
    - 9

58. 6
    - 3

59. 10
    - 8

60. 4
    - 1

Day 76
Subtracting 0-20

Name: _____

Score: /60

Time: :

1. 7 − 4
2. 5 − 3
3. 2 − 2
4. 6 − 5
5. 3 − 0
6. 5 − 5

7. 11 − 3
8. 18 − 9
9. 15 − 6
10. 9 − 3
11. 13 − 4
12. 10 − 7

13. 8 − 4
14. 16 − 7
15. 13 − 8
16. 11 − 9
17. 8 − 0
18. 10 − 3

19. 13 − 6
20. 17 − 8
21. 19 − 9
22. 6 − 4
23. 8 − 7
24. 11 − 3

25. 15 − 5
26. 4 − 4
27. 9 − 3
28. 11 − 7
29. 20 − 10
30. 5 − 4

31. 8 − 1
32. 13 − 9
33. 16 − 8
34. 7 − 6
35. 11 − 4
36. 10 − 3

37. 15 − 6
38. 11 − 5
39. 14 − 9
40. 9 − 0
41. 9 − 7
42. 13 − 8

43. 14 − 5
44. 3 − 0
45. 9 − 3
46. 11 − 2
47. 17 − 9
48. 14 − 8

49. 7 − 4
50. 3 − 1
51. 5 − 5
52. 12 − 4
53. 16 − 7
54. 10 − 10

55. 6 − 3
56. 5 − 4
57. 14 − 5
58. 13 − 4
59. 15 − 9
60. 10 − 1

© Libro Studio LLC 2019

Name: _____

Score: /60

Time: :

1. 4
   - 1

2. 12
   - 2

3. 9
   - 3

4. 7
   - 5

5. 14
   - 8

6. 11
   - 5

7. 8
   - 3

8. 11
   - 2

9. 16
   - 9

10. 12
   - 7

11. 10
   - 4

12. 8
   - 6

13. 15
   - 9

14. 10
   - 9

15. 11
   - 5

16. 8
   - 4

17. 12
   - 6

18. 8
   - 4

19. 11
   - 2

20. 13
   - 4

21. 10
   - 0

22. 5
   - 2

23. 9
   - 7

24. 12
   - 2

25. 16
   - 8

26. 4
   - 4

27. 12
   - 4

28. 17
   - 9

29. 11
   - 9

30. 10
   - 4

31. 11
   - 8

32. 14
   - 10

33. 13
   - 6

34. 8
   - 1

35. 14
   - 9

36. 13
   - 8

37. 4
   - 2

38. 7
   - 1

39. 8
   - 5

40. 12
   - 5

41. 16
   - 9

42. 10
   - 2

43. 9
   - 6

44. 19
   - 9

45. 7
   - 3

46. 11
   - 4

47. 13
   - 7

48. 6
   - 5

49. 5
   - 4

50. 8
   - 5

51. 7
   - 5

52. 16
   - 9

53. 11
   - 8

54. 13
   - 3

55. 9
   - 2

56. 13
   - 7

57. 18
   - 9

58. 7
   - 4

59. 20
   - 10

60. 11
   - 2

Day 78
Subtracting 0-20

Name: _____

Score: /60

Time: :

1. 12
   - 9

2. 8
   - 8

3. 6
   - 2

4. 15
   - 9

5. 11
   - 5

6. 9
   - 6

7. 11
   - 6

8. 15
   - 7

9. 16
   - 10

10. 13
    - 3

11. 8
    - 4

12. 11
    - 3

13. 11
    - 4

14. 17
    - 9

15. 10
    - 1

16. 15
    - 8

17. 5
    - 1

18. 9
    - 3

19. 7
    - 2

20. 13
    - 4

21. 12
    - 9

22. 15
    - 6

23. 18
    - 9

24. 9
    - 7

25. 6
    - 5

26. 14
    - 8

27. 16
    - 9

28. 11
    - 6

29. 10
    - 2

30. 8
    - 7

31. 11
    - 1

32. 4
    - 4

33. 13
    - 5

34. 6
    - 1

35. 12
    - 7

36. 17
    - 8

37. 14
    - 9

38. 10
    - 8

39. 13
    - 7

40. 5
    - 3

41. 11
    - 5

42. 7
    - 2

43. 12
    - 5

44. 9
    - 5

45. 12
    - 10

46. 12
    - 2

47. 15
    - 9

48. 10
    - 5

49. 13
    - 8

50. 12
    - 3

51. 8
    - 5

52. 5
    - 4

53. 9
    - 0

54. 8
    - 3

55. 16
    - 9

56. 12
    - 7

57. 14
    - 10

58. 7
    - 4

59. 9
    - 3

60. 10
    - 3

Day 79
Subtracting 0-20

Name: _____

Score: /60

Time: :

1. 10 − 1
2. 8 − 3
3. 20 − 10
4. 9 − 5
5. 12 − 7
6. 13 − 4

7. 10 − 6
8. 7 − 2
9. 9 − 1
10. 13 − 8
11. 9 − 4
12. 15 − 9

13. 5 − 3
14. 12 − 6
15. 8 − 6
16. 14 − 9
17. 17 − 8
18. 9 − 7

19. 11 − 6
20. 10 − 4
21. 12 − 9
22. 6 − 4
23. 14 − 7
24. 16 − 9

25. 9 − 6
26. 13 − 8
27. 19 − 10
28. 7 − 0
29. 11 − 2
30. 13 − 4

31. 10 − 1
32. 8 − 2
33. 14 − 5
34. 12 − 9
35. 16 − 6
36. 18 − 9

37. 6 − 4
38. 7 − 6
39. 14 − 8
40. 10 − 5
41. 4 − 4
42. 11 − 2

43. 9 − 1
44. 5 − 1
45. 12 − 3
46. 10 − 2
47. 16 − 9
48. 7 − 5

49. 15 − 6
50. 9 − 8
51. 11 − 7
52. 8 − 8
53. 9 − 4
54. 8 − 3

55. 7 − 0
56. 14 − 5
57. 12 − 9
58. 10 − 8
59. 11 − 3
60. 4 − 1

© Libro Studio LLC 2019

Name: _____

Score: /60

Time: :

1. 18 − 8
2. 7 − 5
3. 6 − 3
4. 11 − 6
5. 12 − 3
6. 10 − 7

7. 8 − 6
8. 15 − 7
9. 16 − 10
10. 13 − 3
11. 9 − 4
12. 11 − 3

13. 13 − 8
14. 17 − 9
15. 10 − 1
16. 13 − 4
17. 5 − 1
18. 9 − 3

19. 7 − 2
20. 11 − 4
21. 12 − 10
22. 15 − 6
23. 18 − 9
24. 7 − 6

25. 9 − 5
26. 14 − 8
27. 16 − 9
28. 11 − 6
29. 10 − 2
30. 8 − 7

31. 12 − 9
32. 4 − 4
33. 13 − 5
34. 6 − 1
35. 12 − 7
36. 17 − 8

37. 11 − 9
38. 10 − 8
39. 13 − 7
40. 5 − 3
41. 15 − 5
42. 6 − 2

43. 10 − 5
44. 8 − 5
45. 12 − 2
46. 12 − 5
47. 14 − 9
48. 12 − 2

49. 15 − 8
50. 12 − 3
51. 8 − 5
52. 5 − 4
53. 9 − 0
54. 8 − 3

55. 13 − 7
56. 10 − 3
57. 16 − 10
58. 7 − 4
59. 9 − 3
60. 18 − 9

Day 81
Mixed Problems

Name: _____

Score: /60

Time: :

1. 9
   + 4

2. 5
   + 6

3. 6
   + 8

4. 1
   + 5

5. 7
   + 4

6. 9
   + 5

7. 3
   + 3

8. 5
   + 2

9. 1
   + 1

10. 7
    + 3

11. 8
    + 4

12. 1
    + 0

13. 10
    + 10

14. 0
    + 4

15. 5
    + 1

16. 4
    + 4

17. 5
    + 6

18. 1
    + 6

19. 6
    + 2

20. 3
    + 4

21. 9
    + 9

22. 5
    + 4

23. 9
    + 9

24. 6
    + 2

25. 5
    + 7

26. 1
    + 4

27. 10
    + 3

28. 5
    + 2

29. 2
    + 7

30. 5
    + 4

31. 11
    - 8

32. 14
    - 10

33. 13
    - 6

34. 8
    - 1

35. 14
    - 9

36. 13
    - 8

37. 4
    - 2

38. 7
    - 1

39. 8
    - 5

40. 12
    - 5

41. 16
    - 9

42. 10
    - 2

43. 9
    - 6

44. 19
    - 9

45. 7
    - 3

46. 11
    - 4

47. 13
    - 7

48. 6
    - 5

49. 5
    - 4

50. 10
    - 1

51. 7
    - 5

52. 16
    - 9

53. 11
    - 8

54. 13
    - 3

55. 9
    - 2

56. 13
    - 4

57. 18
    - 9

58. 7
    - 4

59. 20
    - 10

60. 11
    - 2

Name: _____

Score: /60

Time: :

1. 3
   + 5

2. 6
   + 1

3. 2
   + 2

4. 1
   + 5

5. 3
   + 7

6. 5
   + 5

7. 0
   + 3

8. 5
   + 2

9. 1
   + 1

10. 3
    + 3

11. 2
    + 6

12. 9
    + 9

13. 5
    + 4

14. 7
    + 4

15. 5
    + 1

16. 4
    + 4

17. 9
    + 1

18. 8
    + 3

19. 8
    + 6

20. 9
    + 4

21. 2
    + 0

22. 5
    + 4

23. 4
    + 8

24. 7
    + 2

25. 5
    + 7

26. 10
    + 4

27. 6
    + 3

28. 5
    + 2

29. 2
    + 9

30. 5
    + 4

31. 17
    - 8

32. 13
    - 9

33. 8
    - 1

34. 12
    - 3

35. 9
    - 4

36. 3
    - 3

37. 9
    - 0

38. 6
    - 1

39. 11
    - 3

40. 14
    - 8

41. 11
    - 9

42. 9
    - 8

43. 10
    - 10

44. 6
    - 5

45. 12
    - 7

46. 0
    - 0

47. 15
    - 6

48. 17
    - 10

49. 13
    - 6

50. 12
    - 9

51. 8
    - 5

52. 6
    - 2

53. 11
    - 3

54. 5
    - 3

55. 8
    - 2

56. 14
    - 9

57. 11
    - 5

58. 8
    - 4

59. 9
    - 7

60. 16
    - 7

⏱ Day 83
Mixed Problems

Name: _____

Score: /60

Time: :

1. 5 +2	2. 8 +5	3. 2 +2	4. 9 +5	5. 4 +6	6. 7 +8
7. 10 +8	8. 5 +2	9. 1 +7	10. 3 +8	11. 7 +4	12. 1 +0
13. 9 +8	14. 6 +5	15. 5 +1	16. 4 +4	17. 10 +0	18. 1 +3
19. 1 +2	20. 8 +4	21. 7 +7	22. 5 +4	23. 6 +1	24. 9 +9
25. 5 +5	26. 7 +4	27. 8 +8	28. 5 +2	29. 2 +8	30. 5 +4

31. 16 -6	32. 8 -2	33. 14 -5	34. 12 -9	35. 10 -1	36. 18 -9
37. 11 -4	38. 7 -6	39. 14 -8	40. 10 -5	41. 4 -4	42. 6 -2
43. 9 -1	44. 5 -1	45. 12 -3	46. 10 -2	47. 16 -9	48. 7 -5
49. 15 -6	50. 9 -8	51. 11 -7	52. 12 -8	53. 7 -0	54. 8 -3
55. 10 -8	56. 14 -5	57. 12 -9	58. 9 -4	59. 11 -3	60. 4 -1

Day 84

Mixed Problems

Name: _____

Score: /60

Time: :

1. 2
+ 2

2. 1
+ 6

3. 2
+ 2

4. 8
+ 8

5. 6
+ 7

6. 3
+ 5

7. 3
+ 3

8. 9
+ 2

9. 2
+ 7

10. 8
+ 1

11. 7
+ 4

12. 9
+ 9

13. 5
+ 4

14. 9
+ 4

15. 5
+ 1

16. 4
+ 4

17. 3
+ 6

18. 8
+ 7

19. 6
+ 2

20. 3
+ 4

21. 2
+ 8

22. 5
+ 7

23. 7
+ 3

24. 3
+ 2

25. 5
+ 5

26. 3
+ 4

27. 9
+ 3

28. 5
+ 2

29. 8
+ 9

30. 6
+ 4

31. 8
- 1

32. 13
- 9

33. 16
- 8

34. 7
- 6

35. 11
- 4

36. 10
- 3

37. 15
- 6

38. 11
- 5

39. 14
- 9

40. 9
- 0

41. 9
- 7

42. 13
- 8

43. 6
- 1

44. 14
- 5

45. 3
- 0

46. 11
- 2

47. 17
- 9

48. 14
- 8

49. 7
- 4

50. 3
- 1

51. 5
- 5

52. 12
- 4

53. 16
- 7

54. 6
- 3

55. 10
- 10

56. 5
- 4

57. 8
- 5

58. 13
- 4

59. 15
- 9

60. 10
- 1

© Libro Studio LLC 2019

Name: _____

Score: /60

Time: :

1. 10 + 6

2. 7 + 4

3. 2 + 2

4. 9 + 9

5. 6 + 8

6. 4 + 9

7. 4 + 6

8. 5 + 2

9. 1 + 8

10. 3 + 3

11. 2 + 4

12. 7 + 6

13. 5 + 4

14. 9 + 3

15. 5 + 1

16. 8 + 8

17. 6 + 5

18. 1 + 7

19. 1 + 9

20. 3 + 4

21. 2 + 0

22. 5 + 4

23. 5 + 9

24. 3 + 2

25. 7 + 5

26. 1 + 4

27. 0 + 3

28. 5 + 2

29. 8 + 7

30. 5 + 4

31. 6 - 1

32. 15 - 8

33. 9 - 1

34. 11 - 1

35. 8 - 4

36. 16 - 9

37. 9 - 3

38. 8 - 7

39. 20 - 10

40. 6 - 5

41. 14 - 10

42. 15 - 9

43. 11 - 3

44. 8 - 5

45. 13 - 4

46. 14 - 8

47. 5 - 1

48. 11 - 5

49. 10 - 3

50. 16 - 7

51. 13 - 5

52. 11 - 4

53. 10 - 0

54. 12 - 4

55. 14 - 5

56. 11 - 8

57. 12 - 5

58. 13 - 8

59. 18 - 10

60. 15 - 9

Name: _____

Score: /60

Time: :

1. 7
  + 6

2. 8
  + 3

3. 2
  + 6

4. 9
  + 1

5. 3
  + 4

6. 5
  + 8

7. 2
  + 9

8. 5
  + 2

9. 8
  + 9

10. 6
  + 3

11. 7
  + 4

12. 8
  + 8

13. 5
  + 4

14. 8
  + 4

15. 5
  + 1

16. 4
  + 4

17. 5
  + 0

18. 7
  + 7

19. 1
  + 6

20. 3
  + 9

21. 7
  + 8

22. 5
  + 4

23. 4
  + 6

24. 3
  + 2

25. 5
  + 5

26. 1
  + 4

27. 0
  + 3

28. 5
  + 7

29. 2
  + 2

30. 5
  + 4

31. 11
  - 1

32. 4
  - 4

33. 13
  - 5

34. 6
  - 1

35. 12
  - 7

36. 17
  - 8

37. 15
  - 9

38. 10
  - 8

39. 13
  - 7

40. 5
  - 3

41. 11
  - 5

42. 6
  - 2

43. 12
  - 5

44. 9
  - 5

45. 12
  - 10

46. 12
  - 2

47. 14
  - 9

48. 10
  - 5

49. 15
  - 8

50. 12
  - 3

51. 8
  - 5

52. 5
  - 4

53. 9
  - 0

54. 8
  - 3

55. 18
  - 9

56. 12
  - 7

57. 16
  - 10

58. 7
  - 4

59. 9
  - 3

60. 10
  - 3

Name: _____

Score: /60

Time: :

1. 4
    + 4

2. 9
    + 5

3. 8
    + 8

4. 1
    + 5

5. 2
    + 6

6. 7
    + 3

7. 3
    + 3

8. 5
    + 2

9. 1
    + 1

10. 7
    + 8

11. 2
    + 6

12. 9
    + 6

13. 5
    + 8

14. 9
    + 4

15. 6
    + 1

16. 8
    + 4

17. 7
    + 2

18. 1
    + 9

19. 8
    + 2

20. 3
    + 4

21. 2
    + 0

22. 6
    + 6

23. 8
    + 1

24. 3
    + 2

25. 9
    + 7

26. 1
    + 7

27. 7
    + 7

28. 5
    + 2

29. 4
    + 7

30. 5
    + 4

31. 11
    - 8

32. 14
    - 10

33. 13
    - 6

34. 8
    - 1

35. 14
    - 9

36. 13
    - 8

37. 4
    - 2

38. 7
    - 1

39. 8
    - 5

40. 12
    - 5

41. 16
    - 9

42. 10
    - 2

43. 9
    - 6

44. 19
    - 9

45. 7
    - 3

46. 11
    - 4

47. 13
    - 7

48. 6
    - 5

49. 5
    - 4

50. 10
    - 1

51. 7
    - 5

52. 16
    - 9

53. 11
    - 8

54. 13
    - 3

55. 9
    - 2

56. 13
    - 4

57. 18
    - 9

58. 7
    - 4

59. 20
    - 10

60. 11
    - 2

Name: _____

Score: /60

Time: :

1. 6 +6	2. 5 +3	3. 7 +2	4. 1 +8	5. 3 +9	6. 6 +5
7. 7 +4	8. 5 +2	9. 1 +1	10. 7 +5	11. 5 +3	12. 9 +7
13. 5 +4	14. 8 +9	15. 5 +1	16. 4 +4	17. 5 +0	18. 9 +1
19. 1 +10	20. 3 +4	21. 5 +7	22. 5 +4	23. 8 +6	24. 3 +2
25. 6 +3	26. 1 +4	27. 7 +6	28. 5 +2	29. 2 +2	30. 6 +4

31. 17 -8	32. 13 -9	33. 8 -1	34. 12 -3	35. 9 -4	36. 3 -3
37. 9 -0	38. 6 -1	39. 11 -3	40. 14 -8	41. 11 -9	42. 9 -8
43. 10 -10	44. 6 -5	45. 12 -7	46. 0 -0	47. 15 -6	48. 17 -10
49. 9 -6	50. 12 -9	51. 8 -5	52. 15 -8	53. 11 -3	54. 5 -3
55. 8 -2	56. 14 -9	57. 11 -5	58. 8 -4	59. 9 -7	60. 16 -7

Name: _____

Score: /60

Time: :

1. 5 + 5	2. 9 + 8	3. 10 + 2	4. 8 + 1	5. 2 + 7	6. 5 + 5
7. 3 + 3	8. 5 + 8	9. 6 + 2	10. 3 + 3	11. 5 + 8	12. 9 + 7
13. 5 + 4	14. 10 + 10	15. 5 + 1	16. 7 + 4	17. 8 + 2	18. 6 + 6
19. 9 + 3	20. 3 + 4	21. 7 + 3	22. 9 + 9	23. 4 + 2	24. 3 + 2
25. 8 + 8	26. 1 + 7	27. 0 + 6	28. 5 + 2	29. 4 + 2	30. 5 + 4

31. 10 - 1	32. 8 - 2	33. 14 - 5	34. 12 - 9	35. 16 - 6	36. 18 - 9
37. 11 - 4	38. 7 - 6	39. 14 - 8	40. 10 - 5	41. 4 - 4	42. 6 - 2
43. 9 - 1	44. 5 - 1	45. 12 - 3	46. 10 - 2	47. 16 - 9	48. 7 - 5
49. 15 - 6	50. 9 - 8	51. 11 - 7	52. 15 - 8	53. 7 - 0	54. 8 - 3
55. 9 - 4	56. 14 - 5	57. 12 - 9	58. 10 - 8	59. 11 - 3	60. 4 - 1

Day 90
Mixed Problems

Name: _____

Score: /60

Time: :

1. 5 +7	2. 4 +2	3. 1 +7	4. 4 +9	5. 8 +6	6. 5 +5
7. 9 +9	8. 5 +2	9. 1 +1	10. 3 +3	11. 2 +4	12. 4 +7
13. 5 +8	14. 9 +2	15. 5 +1	16. 4 +4	17. 7 +9	18. 1 +3
19. 1 +2	20. 3 +4	21. 7 +3	22. 8 +4	23. 9 +8	24. 3 +2
25. 5 +5	26. 8 +8	27. 0 +6	28. 5 +2	29. 7 +2	30. 5 +4

31. 8 -1	32. 13 -9	33. 16 -8	34. 7 -6	35. 11 -4	36. 10 -3
37. 14 -9	38. 11 -5	39. 15 -6	40. 9 -0	41. 9 -7	42. 13 -8
43. 6 -1	44. 14 -5	45. 12 -3	46. 11 -2	47. 17 -9	48. 14 -8
49. 7 -4	50. 3 -1	51. 5 -5	52. 12 -4	53. 16 -7	54. 6 -3
55. 13 -4	56. 5 -4	57. 8 -5	58. 10 -4	59. 15 -9	60. 10 -1

Name: _____

Score: /60

Time: :

1. 6
 + 6

2. 7
 + 7

3. 7
 + 1

4. 2
 + 5

5. 3
 + 4

6. 2
 + 6

7. 9
 + 3

8. 5
 + 2

9. 1
 + 9

10. 3
 + 3

11. 8
 + 4

12. 9
 + 5

13. 7
 + 4

14. 0
 + 4

15. 5
 + 8

16. 4
 + 4

17. 7
 + 2

18. 1
 + 3

19. 8
 + 7

20. 6
 + 5

21. 3
 + 8

22. 8
 + 9

23. 5
 + 5

24. 3
 + 6

25. 0
 + 0

26. 1
 + 4

27. 8
 + 8

28. 5
 + 2

29. 2
 + 2

30. 5
 + 4

31. 6
 - 1

32. 15
 - 8

33. 9
 - 1

34. 11
 - 1

35. 8
 - 4

36. 16
 - 9

37. 9
 - 3

38. 8
 - 7

39. 20
 - 10

40. 6
 - 5

41. 14
 - 10

42. 15
 - 9

43. 11
 - 3

44. 8
 - 5

45. 13
 - 4

46. 14
 - 8

47. 18
 - 10

48. 11
 - 5

49. 7
 - 3

50. 16
 - 7

51. 13
 - 5

52. 11
 - 4

53. 10
 - 0

54. 12
 - 4

55. 12
 - 3

56. 11
 - 8

57. 14
 - 5

58. 13
 - 8

59. 17
 - 9

60. 15
 - 9

Name: _____

Score: /60

Time: :

1. 10
    + 3

2. 7
    + 5

3. 4
    + 8

4. 9
    + 2

5. 10
    + 10

6. 8
    + 7

7. 5
    + 3

8. 7
    + 9

9. 1
    + 1

10. 7
    + 1

11. 6
    + 4

12. 9
    + 8

13. 5
    + 4

14. 8
    + 2

15. 5
    + 1

16. 4
    + 4

17. 5
    + 0

18. 1
    + 3

19. 9
    + 6

20. 3
    + 4

21. 2
    + 0

22. 5
    + 4

23. 7
    + 4

24. 5
    + 8

25. 8
    + 1

26. 1
    + 4

27. 0
    + 3

28. 5
    + 2

29. 2
    + 2

30. 5
    + 4

31. 11
    - 1

32. 4
    - 4

33. 13
    - 5

34. 6
    - 1

35. 12
    - 7

36. 17
    - 8

37. 15
    - 9

38. 10
    - 8

39. 13
    - 7

40. 5
    - 3

41. 11
    - 5

42. 6
    - 2

43. 12
    - 2

44. 9
    - 5

45. 12
    - 10

46. 12
    - 5

47. 14
    - 9

48. 10
    - 5

49. 15
    - 8

50. 12
    - 3

51. 8
    - 5

52. 5
    - 4

53. 9
    - 0

54. 8
    - 3

55. 10
    - 3

56. 12
    - 7

57. 16
    - 10

58. 7
    - 4

59. 9
    - 3

60. 18
    - 9

Day 93

Mixed Problems

Name: _____

Score: /60

Time: :

1. 8
   + 2

2. 9
   + 8

3. 6
   + 5

4. 1
   + 9

5. 3
   + 10

6. 5
   + 4

7. 6
   + 3

8. 2
   + 2

9. 1
   + 1

10. 3
    + 3

11. 2
    + 7

12. 8
    + 3

13. 5
    + 4

14. 7
    + 8

15. 5
    + 1

16. 4
    + 4

17. 5
    + 0

18. 6
    + 6

19. 7
    + 9

20. 3
    + 4

21. 7
    + 0

22. 8
    + 8

23. 9
    + 9

24. 3
    + 2

25. 9
    + 3

26. 1
    + 4

27. 6
    + 6

28. 5
    + 2

29. 1
    + 6

30. 8
    + 4

31. 9
    - 1

32. 15
    - 8

33. 6
    - 1

34. 11
    - 1

35. 8
    - 4

36. 16
    - 9

37. 9
    - 3

38. 8
    - 7

39. 11
    - 2

40. 6
    - 5

41. 14
    - 10

42. 15
    - 9

43. 11
    - 3

44. 8
    - 5

45. 13
    - 4

46. 14
    - 8

47. 5
    - 1

48. 11
    - 5

49. 16
    - 8

50. 12
    - 7

51. 14
    - 5

52. 11
    - 4

53. 10
    - 0

54. 12
    - 4

55. 13
    - 5

56. 11
    - 8

57. 12
    - 5

58. 13
    - 8

59. 18
    - 10

60. 15
    - 9

Name: _____

Score: /60

Time: :

1. 3
    + 6

2. 8
    + 2

3. 7
    + 5

4. 9
    + 6

5. 2
    + 7

6. 6
    + 6

7. 3
    + 3

8. 5
    + 2

9. 9
    + 3

10. 3
    + 3

11. 8
    + 3

12. 1
    + 0

13. 5
    + 4

14. 7
    + 3

15. 5
    + 1

16. 4
    + 4

17. 5
    + 0

18. 1
    + 3

19. 7
    + 8

20. 9
    + 4

21. 2
    + 6

22. 7
    + 4

23. 8
    + 8

24. 9
    + 7

25. 5
    + 5

26. 1
    + 4

27. 4
    + 10

28. 5
    + 2

29. 2
    + 2

30. 5
    + 4

31. 11
    - 1

32. 4
    - 4

33. 13
    - 5

34. 6
    - 1

35. 12
    - 7

36. 17
    - 8

37. 15
    - 9

38. 10
    - 8

39. 13
    - 7

40. 5
    - 3

41. 11
    - 5

42. 6
    - 2

43. 12
    - 5

44. 9
    - 5

45. 12
    - 10

46. 12
    - 2

47. 14
    - 9

48. 10
    - 5

49. 13
    - 8

50. 11
    - 3

51. 8
    - 5

52. 5
    - 4

53. 9
    - 0

54. 8
    - 6

55. 18
    - 9

56. 12
    - 7

57. 16
    - 10

58. 7
    - 4

59. 9
    - 3

60. 10
    - 3

Day 95
Mixed Problems

Name: _____

Score: /60

Time: :

1. 7
+ 3

2. 8
+ 1

3. 5
+ 2

4. 6
+ 2

5. 8
+ 0

6. 8
+ 5

7. 9
+ 2

8. 5
+ 2

9. 1
+ 1

10. 3
+ 3

11. 9
+ 7

12. 7
+ 2

13. 5
+ 4

14. 6
+ 6

15. 5
+ 1

16. 8
+ 8

17. 4
+ 0

18. 8
+ 2

19. 8
+ 4

20. 3
+ 4

21. 9
+ 6

22. 5
+ 4

23. 7
+ 1

24. 7
+ 7

25. 7
+ 4

26. 1
+ 4

27. 10
+ 3

28. 7
+ 8

29. 6
+ 3

30. 9
+ 8

31. 10
- 1

32. 8
- 2

33. 14
- 5

34. 12
- 9

35. 16
- 6

36. 18
- 9

37. 11
- 4

38. 7
- 6

39. 14
- 8

40. 10
- 5

41. 4
- 4

42. 6
- 2

43. 9
- 1

44. 5
- 1

45. 12
- 3

46. 10
- 2

47. 16
- 9

48. 7
- 5

49. 15
- 6

50. 9
- 8

51. 11
- 7

52. 15
- 8

53. 7
- 0

54. 11
- 4

55. 9
- 4

56. 14
- 5

57. 14
- 9

58. 10
- 8

59. 11
- 3

60. 4
- 1

Name: _____

Score: /60

Time: :

1. 0 + 0	2. 5 + 3	3. 6 + 8	4. 2 + 7	5. 9 + 1	6. 8 + 8
7. 3 + 5	8. 6 + 4	9. 7 + 6	10. 4 + 8	11. 3 + 4	12. 9 + 6
13. 9 + 2	14. 0 + 4	15. 5 + 1	16. 4 + 4	17. 5 + 0	18. 6 + 5
19. 1 + 7	20. 9 + 8	21. 10 + 10	22. 5 + 4	23. 7 + 8	24. 3 + 8
25. 5 + 5	26. 1 + 4	27. 6 + 2	28. 9 + 3	29. 2 + 2	30. 5 + 4

31. 12 - 9	32. 4 - 4	33. 13 - 5	34. 6 - 1	35. 12 - 7	36. 17 - 8
37. 15 - 9	38. 10 - 8	39. 13 - 7	40. 5 - 3	41. 11 - 5	42. 6 - 2
43. 10 - 5	44. 9 - 5	45. 12 - 2	46. 12 - 5	47. 14 - 9	48. 12 - 2
49. 17 - 8	50. 5 - 3	51. 8 - 5	52. 5 - 4	53. 9 - 0	54. 8 - 3
55. 12 - 7	56. 10 - 3	57. 16 - 10	58. 7 - 5	59. 9 - 3	60. 18 - 9

Day 97
Mixed Problems

Name: _____

Score: /60

Time: :

1. 6 + 4	2. 5 + 8	3. 7 + 6	4. 1 + 5	5. 8 + 3	6. 5 + 6
7. 9 + 9	8. 5 + 2	9. 0 + 0	10. 6 + 8	11. 7 + 4	12. 9 + 7
13. 7 + 4	14. 0 + 8	15. 5 + 1	16. 4 + 4	17. 8 + 4	18. 1 + 8
19. 1 + 6	20. 3 + 4	21. 6 + 0	22. 5 + 9	23. 7 + 7	24. 3 + 2
25. 5 + 5	26. 1 + 9	27. 0 + 3	28. 5 + 2	29. 8 + 7	30. 5 + 6

31. 11 - 8	32. 14 - 10	33. 13 - 6	34. 8 - 1	35. 14 - 9	36. 13 - 8
37. 4 - 2	38. 7 - 1	39. 8 - 5	40. 12 - 5	41. 16 - 9	42. 10 - 2
43. 9 - 6	44. 19 - 9	45. 7 - 3	46. 11 - 4	47. 13 - 7	48. 6 - 5
49. 5 - 4	50. 10 - 1	51. 7 - 5	52. 16 - 9	53. 11 - 8	54. 13 - 3
55. 9 - 2	56. 13 - 4	57. 18 - 9	58. 8 - 2	59. 20 - 10	60. 11 - 2

Day 98
Mixed Problems

Name: _____

Score: /60

Time: :

1. 10 + 7	2. 8 + 4	3. 7 + 2	4. 9 + 1	5. 3 + 7	6. 8 + 5
7. 10 + 3	8. 6 + 6	9. 9 + 7	10. 3 + 3	11. 2 + 6	12. 9 + 0
13. 5 + 4	14. 7 + 7	15. 5 + 1	16. 4 + 4	17. 5 + 0	18. 7 + 4
19. 7 + 1	20. 3 + 4	21. 2 + 9	22. 6 + 4	23. 5 + 0	24. 8 + 2
25. 8 + 3	26. 8 + 8	27. 9 + 3	28. 5 + 2	29. 2 + 2	30. 5 + 4

31. 11 - 1	32. 4 - 4	33. 13 - 5	34. 6 - 1	35. 12 - 7	36. 17 - 8
37. 14 - 9	38. 10 - 8	39. 13 - 7	40. 5 - 3	41. 11 - 5	42. 7 - 2
43. 12 - 5	44. 9 - 5	45. 12 - 10	46. 12 - 2	47. 15 - 9	48. 10 - 5
49. 13 - 8	50. 6 - 3	51. 8 - 5	52. 5 - 4	53. 9 - 0	54. 8 - 3
55. 16 - 9	56. 12 - 7	57. 14 - 10	58. 14 - 7	59. 9 - 3	60. 10 - 3

Day 99
Mixed Problems

Name: _____

Score: /60

Time: :

1. 9 +9	2. 8 +6	3. 2 +7	4. 8 +5	5. 3 +6	6. 7 +7
7. 3 +3	8. 5 +2	9. 6 +1	10. 7 +3	11. 6 +4	12. 9 +8
13. 5 +1	14. 7 +7	15. 5 +4	16. 4 +4	17. 8 +3	18. 1 +3
19. 0 +0	20. 3 +4	21. 2 +9	22. 5 +4	23. 8 +7	24. 3 +2
25. 9 +7	26. 7 +4	27. 6 +5	28. 5 +2	29. 10 +2	30. 8 +4
31. 11 -8	32. 14 -10	33. 13 -6	34. 8 -1	35. 14 -9	36. 13 -8
37. 12 -5	38. 7 -1	39. 8 -5	40. 4 -2	41. 16 -9	42. 10 -2
43. 9 -6	44. 19 -9	45. 7 -3	46. 11 -4	47. 13 -7	48. 6 -5
49. 7 -4	50. 10 -1	51. 7 -5	52. 16 -9	53. 11 -8	54. 9 -2
55. 13 -3	56. 13 -4	57. 18 -9	58. 9 -4	59. 20 -10	60. 11 -2

© Libro Studio LLC 2019

Name: _____

Score: /60

Time: :

1. 1
   + 3

2. 7
   + 7

3. 2
   + 2

4. 1
   + 8

5. 9
   + 5

6. 7
   + 3

7. 9
   + 9

8. 5
   + 2

9. 9
   + 6

10. 3
    + 3

11. 2
    + 4

12. 1
    + 10

13. 8
    + 0

14. 8
    + 8

15. 5
    + 1

16. 8
    + 2

17. 9
    + 3

18. 1
    + 3

19. 7
    + 4

20. 3
    + 4

21. 2
    + 0

22. 5
    + 4

23. 8
    + 7

24. 3
    + 2

25. 9
    + 2

26. 1
    + 4

27. 9
    + 7

28. 5
    + 2

29. 2
    + 2

30. 5
    + 4

31. 11
    - 1

32. 4
    - 4

33. 13
    - 5

34. 6
    - 1

35. 12
    - 7

36. 17
    - 8

37. 5
    - 3

38. 10
    - 8

39. 13
    - 7

40. 15
    - 9

41. 11
    - 5

42. 6
    - 2

43. 12
    - 5

44. 9
    - 5

45. 12
    - 10

46. 12
    - 2

47. 14
    - 9

48. 10
    - 5

49. 15
    - 8

50. 12
    - 3

51. 8
    - 5

52. 5
    - 4

53. 9
    - 0

54. 8
    - 3

55. 10
    - 3

56. 12
    - 7

57. 16
    - 10

58. 14
    - 8

59. 9
    - 3

60. 16
    - 9

Answer Key

Day 1:
1) 5 2) 6 3) 4 4) 9 5) 3 6) 10
7) 6 8) 3 9) 4 10) 6 11) 6 12) 1
13) 9 14) 7 15) 6 16) 4 17) 9 18) 4
19) 3 20) 7 21) 2 22) 5 23) 0 24) 4
25) 10 26) 5 27) 7 28) 7 29) 4 30) 7
31) 2 32) 8 33) 6 34) 1 35) 9 36) 8
37) 4 38) 2 39) 6 40) 4 41) 5 42) 7
43) 4 44) 5 45) 8 46) 4 47) 8 48) 7
49) 7 50) 5 51) 7 52) 6 53) 4 54) 6
55) 7 56) 7 57) 6 58) 7 59) 1 60) 3

Day 2:
1) 7 2) 8 3) 5 4) 6 5) 3 6) 9
7) 6 8) 7 9) 2 10) 6 11) 6 12) 1
13) 9 14) 4 15) 6 16) 8 17) 5 18) 10
19) 3 20) 5 21) 2 22) 6 23) 0 24) 4
25) 7 26) 5 27) 3 28) 10 29) 4 30) 9
31) 6 32) 6 33) 2 34) 1 35) 9 36) 4
37) 4 38) 4 39) 7 40) 5 41) 8 42) 2
43) 6 44) 10 45) 3 46) 4 47) 5 48) 7
49) 9 50) 2 51) 6 52) 6 53) 1 54) 6
55) 2 56) 8 57) 5 58) 7 59) 4 60) 3

Day 3:
1) 5 2) 9 3) 4 4) 5 5) 4 6) 6
7) 6 8) 8 9) 3 10) 7 11) 6 12) 6
13) 9 14) 4 15) 6 16) 8 17) 5 18) 4
19) 3 20) 7 21) 2 22) 9 23) 0 24) 5
25) 4 26) 5 27) 3 28) 7 29) 7 30) 9
31) 2 32) 4 33) 6 34) 1 35) 9 36) 6
37) 6 38) 4 39) 7 40) 5 41) 8 42) 7
43) 1 44) 4 45) 3 46) 10 47) 6 48) 6
49) 9 50) 2 51) 6 52) 6 53) 8 54) 3
55) 7 56) 5 57) 8 58) 8 59) 4 60) 6

Day 4:
1) 10 2) 8 3) 4 4) 6 5) 3 6) 5
7) 4 8) 7 9) 2 10) 2 11) 8 12) 1
13) 9 14) 4 15) 6 16) 6 17) 5 18) 4
19) 3 20) 7 21) 6 22) 9 23) 0 24) 5
25) 6 26) 5 27) 3 28) 7 29) 4 30) 9
31) 4 32) 6 33) 10 34) 1 35) 9 36) 6
37) 4 38) 2 39) 7 40) 5 41) 8 42) 7
43) 5 44) 10 45) 3 46) 4 47) 6 48) 9
49) 7 50) 2 51) 6 52) 6 53) 1 54) 6
55) 8 56) 2 57) 5 58) 7 59) 4 60) 3

Day 5:
1) 6 2) 8 3) 2 4) 6 5) 3 6) 10
7) 5 8) 7 9) 8 10) 5 11) 6 12) 6
13) 5 14) 7 15) 6 16) 10 17) 0 18) 5
19) 3 20) 7 21) 2 22) 9 23) 4 24) 5
25) 4 26) 9 27) 3 28) 7 29) 10 30) 5
31) 8 32) 3 33) 8 34) 4 35) 4 36) 6
37) 2 38) 4 39) 7 40) 5 41) 8 42) 4
43) 5 44) 4 45) 3 46) 10 47) 6 48) 7
49) 6 50) 5 51) 9 52) 6 53) 1 54) 6
55) 7 56) 5 57) 7 58) 2 59) 4 60) 3

Day 6:
1) 7 2) 6 3) 4 4) 6 5) 3 6) 10
7) 8 8) 5 9) 2 10) 6 11) 6 12) 4
13) 4 14) 8 15) 6 16) 9 17) 5 18) 1
19) 3 20) 7 21) 2 22) 9 23) 0 24) 5
25) 9 26) 5 27) 6 28) 7 29) 4 30) 10
31) 2 32) 6 33) 6 34) 1 35) 9 36) 3
37) 8 38) 4 39) 4 40) 5 41) 7 42) 2
43) 4 44) 10 45) 3 46) 6 47) 5 48) 7
49) 1 50) 2 51) 6 52) 6 53) 9 54) 6
55) 3 56) 8 57) 5 58) 7 59) 4 60) 2

Day 7:
1) 4 2) 9 3) 4 4) 6 5) 3 6) 10
7) 6 8) 7 9) 2 10) 9 11) 6 12) 1
13) 8 14) 5 15) 6 16) 8 17) 5 18) 4
19) 3 20) 7 21) 7 22) 5 23) 4 24) 6
25) 2 26) 8 27) 0 28) 10 29) 4 30) 9
31) 2 32) 6 33) 6 34) 3 35) 9 36) 6
37) 4 38) 4 39) 7 40) 5 41) 8 42) 10
43) 6 44) 6 45) 3 46) 4 47) 2 48) 9
49) 7 50) 3 51) 1 52) 5 53) 2 54) 10
55) 5 56) 3 57) 4 58) 6 59) 7 60) 7

Day 8:
1) 1 2) 6 3) 6 4) 6 5) 3 6) 4
7) 4 8) 7 9) 2 10) 4 11) 8 12) 5
13) 9 14) 4 15) 6 16) 8 17) 5 18) 10
19) 0 20) 7 21) 2 22) 9 23) 6 24) 5
25) 10 26) 5 27) 3 28) 7 29) 3 30) 5
31) 4 32) 6 33) 6 34) 1 35) 9 36) 6
37) 9 38) 4 39) 7 40) 5 41) 8 42) 2
43) 6 44) 10 45) 3 46) 4 47) 5 48) 7
49) 9 50) 2 51) 6 52) 6 53) 1 54) 6
55) 2 56) 8 57) 5 58) 7 59) 4 60) 3

Day 9:
1) 7 2) 7 3) 14 4) 6 5) 3 6) 11
7) 9 8) 7 9) 5 10) 10 11) 6 12) 1
13) 9 14) 4 15) 6 16) 11 17) 5 18) 4
19) 9 20) 7 21) 2 22) 9 23) 12 24) 5
25) 12 26) 8 27) 3 28) 7 29) 8 30) 9
31) 2 32) 6 33) 13 34) 1 35) 9 36) 6
37) 4 38) 4 39) 7 40) 5 41) 8 42) 2
43) 6 44) 10 45) 3 46) 9 47) 5 48) 7
49) 9 50) 2 51) 6 52) 6 53) 1 54) 10
55) 8 56) 7 57) 5 58) 7 59) 4 60) 3

Day 10:
1) 8 2) 10 3) 6 4) 6 5) 9 6) 2
7) 14 8) 7 9) 2 10) 10 11) 8 12) 7
13) 5 14) 10 15) 6 16) 8 17) 13 18) 4
19) 8 20) 9 21) 9 22) 11 23) 7 24) 5
25) 12 26) 5 27) 3 28) 7 29) 4 30) 11
31) 7 32) 6 33) 12 34) 7 35) 9 36) 6
37) 12 38) 8 39) 4 40) 8 41) 6 42) 13
43) 12 44) 10 45) 10 46) 4 47) 5 48) 7
49) 8 50) 14 51) 8 52) 5 53) 12 54) 9
55) 9 56) 8 57) 11 58) 9 59) 6 60) 13

Day 11:
1) 7 2) 7 3) 4 4) 6 5) 3 6) 11
7) 9 8) 7 9) 12 10) 8 11) 6 12) 10
13) 9 14) 13 15) 6 16) 8 17) 12 18) 4
19) 3 20) 7 21) 2 22) 9 23) 8 24) 5
25) 10 26) 5 27) 10 28) 7 29) 4 30) 9
31) 9 32) 6 33) 6 34) 1 35) 9 36) 6
37) 13 38) 4 39) 7 40) 5 41) 8 42) 14
43) 6 44) 10 45) 3 46) 4 47) 5 48) 7
49) 9 50) 2 51) 6 52) 6 53) 1 54) 6
55) 11 56) 8 57) 14 58) 7 59) 4 60) 3

Day 12:
1) 9 2) 7 3) 7 4) 5 5) 9 6) 6
7) 9 8) 7 9) 2 10) 7 11) 10 12) 8
13) 7 14) 12 15) 5 16) 9 17) 13 18) 10
19) 8 20) 7 21) 9 22) 11 23) 9 24) 5
25) 7 26) 0 27) 7 28) 11 29) 8 30) 8
31) 7 32) 6 33) 9 34) 1 35) 6 36) 6
37) 10 38) 4 39) 7 40) 12 41) 8 42) 10
43) 9 44) 12 45) 6 46) 4 47) 5 48) 9
49) 3 50) 12 51) 9 52) 2 53) 14 54) 8
55) 4 56) 7 57) 11 58) 4 59) 8 60) 5

Day 13:
1) 5 2) 10 3) 4 4) 6 5) 7 6) 11
7) 9 8) 7 9) 2 10) 6 11) 6 12) 13
13) 9 14) 12 15) 6 16) 8 17) 5 18) 4
19) 0 20) 7 21) 9 22) 10 23) 8 24) 6
25) 14 26) 5 27) 3 28) 7 29) 12 30) 9
31) 2 32) 6 33) 6 34) 1 35) 9 36) 6
37) 10 38) 4 39) 7 40) 5 41) 8 42) 2
43) 6 44) 10 45) 13 46) 4 47) 5 48) 7
49) 2 50) 9 51) 6 52) 6 53) 1 54) 6
55) 11 56) 8 57) 5 58) 7 59) 4 60) 3

Day 14:
1) 10 2) 4 3) 7 4) 2 5) 6 6) 11
7) 12 8) 8 9) 2 10) 6 11) 6 12) 14
13) 11 14) 7 15) 6 16) 8 17) 13 18) 4
19) 7 20) 7 21) 2 22) 9 23) 6 24) 5
25) 12 26) 5 27) 3 28) 7 29) 4 30) 5
31) 7 32) 6 33) 8 34) 8 35) 12 36) 9
37) 11 38) 6 39) 9 40) 13 41) 10 42) 4
43) 6 44) 10 45) 3 46) 8 47) 4 48) 12
49) 9 50) 4 51) 11 52) 4 53) 6 54) 3
55) 10 56) 7 57) 6 58) 8 59) 11 60) 10

Day 15:
1) 7 2) 8 3) 4 4) 4 5) 8 6) 10
7) 1 8) 7 9) 14 10) 5 11) 3 12) 9
13) 6 14) 10 15) 6 16) 10 17) 8 18) 12
19) 3 20) 9 21) 6 22) 8 23) 10 24) 6
25) 10 26) 5 27) 11 28) 7 29) 4 30) 9
31) 9 32) 6 33) 6 34) 13 35) 6 36) 8
37) 14 38) 4 39) 7 40) 7 41) 8 42) 13
43) 6 44) 10 45) 3 46) 4 47) 5 48) 7
49) 9 50) 6 51) 6 52) 8 53) 12 54) 4
55) 12 56) 5 57) 8 58) 7 59) 3 60) 6

Day 16:
1) 13 2) 5 3) 4 4) 11 5) 9 6) 8
7) 6 8) 7 9) 2 10) 6 11) 6 12) 1
13) 8 14) 12 15) 6 16) 10 17) 14 18) 4
19) 3 20) 7 21) 11 22) 9 23) 8 24) 4
25) 12 26) 5 27) 9 28) 7 29) 4 30) 9
31) 2 32) 9 33) 7 34) 1 35) 9 36) 6
37) 7 38) 4 39) 7 40) 5 41) 8 42) 13
43) 10 44) 10 45) 8 46) 4 47) 5 48) 7
49) 9 50) 2 51) 11 52) 6 53) 6 54) 8
55) 7 56) 7 57) 6 58) 9 59) 4 60) 3

Day 17:
1) 8 2) 16 3) 12 4) 6 5) 13 6) 13
7) 11 8) 7 9) 8 10) 6 11) 6 12) 12
13) 12 14) 12 15) 6 16) 8 17) 9 18) 13
19) 3 20) 7 21) 16 22) 9 23) 11 24) 11
25) 14 26) 7 27) 9 28) 7 29) 14 30) 9
31) 10 32) 6 33) 9 34) 11 35) 9 36) 14
37) 9 38) 20 39) 7 40) 15 41) 8 42) 7
43) 15 44) 10 45) 3 46) 4 47) 10 48) 7
49) 16 50) 13 51) 6 52) 6 53) 1 54) 17
55) 9 56) 18 57) 15 58) 10 59) 4 60) 11

Day 18:
1) 18 2) 9 3) 11 4) 10 5) 10 6) 14
7) 16 8) 7 9) 20 10) 7 11) 10 12) 13
13) 12 14) 14 15) 6 16) 8 17) 9 18) 7
19) 12 20) 7 21) 11 22) 9 23) 8 24) 5
25) 9 26) 5 27) 8 28) 7 29) 4 30) 9
31) 16 32) 6 33) 10 34) 14 35) 13 36) 6
37) 4 38) 12 39) 5 40) 13 41) 11 42) 10
43) 11 44) 13 45) 7 46) 9 47) 14 48) 17
49) 8 50) 18 51) 8 52) 3 53) 12 54) 6
55) 15 56) 8 57) 12 58) 10 59) 13 60) 10

Answer Key

Day 19:
1) 10 2) 14 3) 4 4) 10 5) 11 6) 14
7) 6 8) 7 9) 10 10) 4 11) 15 12) 9
13) 9 14) 11 15) 9 16) 10 17) 14 18) 7
19) 0 20) 7 21) 2 22) 13 23) 12 24) 10
25) 12 26) 17 27) 3 28) 8 29) 4 30) 9
31) 2 32) 8 33) 13 34) 11 35) 9 36) 13
37) 4 38) 10 39) 7 40) 15 41) 6 42) 9
43) 15 44) 10 45) 3 46) 13 47) 5 48) 7
49) 9 50) 12 51) 12 52) 6 53) 16 54) 6
55) 10 56) 11 57) 18 58) 7 59) 9 60) 20

Day 20:
1) 12 2) 7 3) 4 4) 10 5) 9 6) 20
7) 11 8) 7 9) 8 10) 11 11) 6 12) 11
13) 9 14) 15 15) 14 16) 8 17) 16 18) 11
19) 12 20) 7 21) 12 22) 9 23) 13 24) 5
25) 10 26) 5 27) 12 28) 7 29) 4 30) 14
31) 10 32) 10 33) 6 34) 10 35) 15 36) 6
37) 8 38) 4 39) 13 40) 16 41) 8 42) 2
43) 6 44) 10 45) 12 46) 16 47) 13 48) 7
49) 9 50) 2 51) 6 52) 6 53) 1 54) 6
55) 17 56) 12 57) 9 58) 7 59) 14 60) 9

Day 21:
1) 18 2) 14 3) 9 4) 13 5) 9 6) 12
7) 6 8) 7 9) 7 10) 10 11) 6 12) 17
13) 6 14) 14 15) 9 16) 8 17) 11 18) 4
19) 0 20) 7 21) 11 22) 9 23) 15 24) 5
25) 16 26) 11 27) 11 28) 7 29) 12 30) 12
31) 10 32) 6 33) 8 34) 1 35) 9 36) 15
37) 10 38) 11 39) 7 40) 5 41) 8 42) 12
43) 14 44) 9 45) 7 46) 4 47) 5 48) 10
49) 20 50) 11 51) 11 52) 7 53) 13 54) 9
55) 12 56) 8 57) 13 58) 9 59) 16 60) 5

Day 22:
1) 4 2) 14 3) 4 4) 9 5) 14 6) 10
7) 18 8) 7 9) 15 10) 6 11) 6 12) 11
13) 8 14) 16 15) 6 16) 10 17) 12 18) 4
19) 11 20) 7 21) 2 22) 9 23) 15 24) 5
25) 11 26) 5 27) 16 28) 7 29) 4 30) 9
31) 2 32) 6 33) 6 34) 10 35) 13 36) 17
37) 12 38) 4 39) 7 40) 5 41) 8 42) 13
43) 6 44) 10 45) 14 46) 9 47) 5 48) 7
49) 12 50) 17 51) 5 52) 14 53) 7 54) 12
55) 11 56) 19 57) 10 58) 7 59) 15 60) 8

Day 23:
1) 10 2) 13 3) 13 4) 6 5) 11 6) 12
7) 18 8) 7 9) 0 10) 14 11) 6 12) 16
13) 11 14) 8 15) 8 16) 11 17) 17 18) 9
19) 7 20) 7 21) 6 22) 14 23) 14 24) 5
25) 10 26) 10 27) 3 28) 7 29) 15 30) 11
31) 10 32) 6 33) 17 34) 11 35) 9 36) 12
37) 9 38) 9 39) 7 40) 5 41) 8 42) 15
43) 9 44) 12 45) 13 46) 8 47) 9 48) 14
49) 14 50) 13 51) 6 52) 6 53) 10 54) 6
55) 16 56) 14 57) 12 58) 7 59) 8 60) 3

Day 24:
1) 17 2) 12 3) 9 4) 10 5) 10 6) 13
7) 13 8) 12 9) 16 10) 12 11) 8 12) 9
13) 9 14) 14 15) 6 16) 8 17) 8 18) 11
19) 8 20) 7 21) 11 22) 10 23) 5 24) 10
25) 11 26) 16 27) 12 28) 7 29) 4 30) 9
31) 13 32) 13 33) 6 34) 1 35) 9 36) 14
37) 14 38) 4 39) 7 40) 7 41) 8 42) 15
43) 6 44) 10 45) 17 46) 9 47) 5 48) 15
49) 0 50) 7 51) 12 52) 6 53) 15 54) 9
55) 18 56) 11 57) 9 58) 7 59) 4 60) 3

Day 25:
1) 10 2) 9 3) 7 4) 8 5) 8 6) 13
7) 11 8) 7 9) 2 10) 16 11) 16 12) 9
13) 9 14) 12 15) 12 16) 12 17) 4 18) 10
19) 12 20) 7 21) 15 22) 9 23) 8 24) 14
25) 11 26) 5 27) 13 28) 15 29) 9 30) 17
31) 14 32) 8 33) 6 34) 1 35) 14 36) 11
37) 18 38) 9 39) 7 40) 5 41) 10 42) 2
43) 6 44) 14 45) 12 46) 10 47) 5 48) 11
49) 4 50) 16 51) 11 52) 9 53) 8 54) 13
55) 12 56) 13 57) 6 58) 10 59) 18 60) 3

Day 26:
1) 14 2) 8 3) 14 4) 9 5) 10 6) 16
7) 8 8) 10 9) 13 10) 12 11) 10 12) 15
13) 11 14) 4 15) 16 16) 10 17) 5 18) 11
19) 8 20) 17 21) 20 22) 9 23) 15 24) 11
25) 10 26) 7 27) 8 28) 12 29) 4 30) 8
31) 13 32) 10 33) 6 34) 10 35) 9 36) 12
37) 12 38) 7 39) 7 40) 13 41) 18 42) 2
43) 6 44) 9 45) 3 46) 4 47) 5 48) 7
49) 6 50) 11 51) 14 52) 11 53) 8 54) 14
55) 9 56) 16 57) 5 58) 7 59) 7 60) 14

Day 27:
1) 10 2) 17 3) 11 4) 10 5) 13 6) 10
7) 6 8) 6 9) 9 10) 12 11) 11 12) 11
13) 9 14) 15 15) 6 16) 8 17) 5 18) 12
19) 16 20) 7 21) 17 22) 16 23) 18 24) 5
25) 12 26) 5 27) 12 28) 7 29) 7 30) 12
31) 16 32) 8 33) 14 34) 5 35) 20 36) 11
37) 8 38) 9 39) 7 40) 15 41) 10 42) 13
43) 17 44) 12 45) 9 46) 10 47) 9 48) 14
49) 7 50) 14 51) 16 52) 8 53) 12 54) 5
55) 11 56) 15 57) 6 58) 13 59) 12 60) 8

Day 28:
1) 9 2) 10 3) 12 4) 15 5) 9 6) 12
7) 11 8) 7 9) 12 10) 8 11) 11 12) 15
13) 9 14) 10 15) 13 16) 8 17) 5 18) 11
19) 15 20) 13 21) 8 22) 11 23) 16 24) 16
25) 10 26) 5 27) 14 28) 7 29) 4 30) 9
31) 9 32) 10 33) 14 34) 9 35) 12 36) 6
37) 18 38) 4 39) 7 40) 14 41) 12 42) 20
43) 11 44) 15 45) 7 46) 12 47) 8 48) 14
49) 13 50) 18 51) 11 52) 11 53) 10 54) 17
55) 11 56) 8 57) 20 58) 7 59) 16 60) 13

Day 29:
1) 12 2) 14 3) 8 4) 7 5) 7 6) 8
7) 12 8) 7 9) 10 10) 10 11) 12 12) 14
13) 11 14) 7 15) 13 16) 9 17) 9 18) 12
19) 15 20) 11 21) 11 22) 17 23) 10 24) 9
25) 0 26) 12 27) 8 28) 7 29) 4 30) 9
31) 18 32) 13 33) 6 34) 16 35) 9 36) 10
37) 10 38) 4 39) 7 40) 5 41) 8 42) 14
43) 6 44) 12 45) 10 46) 12 47) 5 48) 11
49) 12 50) 6 51) 17 52) 13 53) 10 54) 10
55) 15 56) 8 57) 20 58) 7 59) 13 60) 3

Day 30:
1) 13 2) 12 3) 12 4) 11 5) 20 6) 15
7) 8 8) 16 9) 11 10) 13 11) 12 12) 17
13) 9 14) 10 15) 6 16) 8 17) 13 18) 7
19) 15 20) 9 21) 5 22) 9 23) 11 24) 13
25) 9 26) 14 27) 13 28) 14 29) 4 30) 9
31) 12 32) 9 33) 12 34) 9 35) 14 36) 18
37) 7 38) 10 39) 7 40) 14 41) 10 42) 12
43) 6 44) 10 45) 3 46) 4 47) 13 48) 13
49) 8 50) 15 51) 12 52) 14 53) 11 54) 12
55) 5 56) 9 57) 13 58) 7 59) 9 60) 14

Day 31:
1) 10 2) 17 3) 12 4) 9 5) 9 6) 15
7) 13 8) 13 9) 8 10) 4 11) 12 12) 16
13) 9 14) 20 15) 6 16) 11 17) 10 18) 12
19) 12 20) 7 21) 10 22) 18 23) 14 24) 5
25) 16 26) 8 27) 6 28) 10 29) 7 30) 9
31) 7 32) 16 33) 11 34) 10 35) 9 36) 11
37) 11 38) 7 39) 12 40) 12 41) 15 42) 15
43) 14 44) 10 45) 18 46) 12 47) 12 48) 11
49) 14 50) 15 51) 11 52) 11 53) 16 54) 8
55) 14 56) 11 57) 12 58) 0 59) 14 60) 13

Day 32:
1) 12 2) 6 3) 8 4) 13 5) 14 6) 11
7) 18 8) 13 9) 7 10) 12 11) 10 12) 10
13) 13 14) 11 15) 6 16) 8 17) 16 18) 8
19) 11 20) 7 21) 10 22) 12 23) 17 24) 13
25) 10 26) 16 27) 6 28) 7 29) 9 30) 9
31) 15 32) 6 33) 14 34) 1 35) 9 36) 11
37) 4 38) 13 39) 7 40) 20 41) 8 42) 5
43) 15 44) 10 45) 18 46) 9 47) 11 48) 10
49) 14 50) 15 51) 14 52) 14 53) 15 54) 10
55) 7 56) 8 57) 5 58) 7 59) 12 60) 10

Day 33:
1) 8 2) 12 3) 14 4) 16 5) 8 6) 10
7) 13 8) 9 9) 8 10) 15 11) 9 12) 15
13) 13 14) 13 15) 7 16) 11 17) 10 18) 10
19) 7 20) 17 21) 9 22) 14 23) 9 24) 8
25) 16 26) 8 27) 14 28) 7 29) 11 30) 9
31) 16 32) 12 33) 11 34) 14 35) 8 36) 12
37) 13 38) 13 39) 7 40) 0 41) 17 42) 11
43) 9 44) 18 45) 19 46) 10 47) 9 48) 5
49) 12 50) 11 51) 14 52) 11 53) 14 54) 14
55) 12 56) 15 57) 13 58) 7 59) 12 60) 12

Day 34:
1) 12 2) 8 3) 9 4) 9 5) 12 6) 11
7) 11 8) 7 9) 2 10) 12 11) 7 12) 16
13) 9 14) 17 15) 6 16) 8 17) 5 18) 10
19) 11 20) 7 21) 10 22) 9 23) 14 24) 20
25) 9 26) 5 27) 13 28) 7 29) 4 30) 10
31) 10 32) 13 33) 6 34) 19 35) 9 36) 16
37) 4 38) 11 39) 10 40) 7 41) 11 42) 18
43) 15 44) 10 45) 7 46) 8 47) 8 48) 11
49) 13 50) 12 51) 10 52) 5 53) 10 54) 14
55) 14 56) 8 57) 13 58) 7 59) 7 60) 15

Day 35:
1) 16 2) 11 3) 4 4) 18 5) 14 6) 13
7) 10 8) 7 9) 9 10) 9 11) 5 12) 13
13) 9 14) 12 15) 6 16) 16 17) 11 18) 8
19) 10 20) 7 21) 7 22) 9 23) 14 24) 16
25) 12 26) 5 27) 8 28) 7 29) 15 30) 9
31) 16 32) 6 33) 14 34) 17 35) 9 36) 12
37) 16 38) 14 39) 7 40) 13 41) 8 42) 12
43) 6 44) 10 45) 13 46) 8 47) 5 48) 7
49) 9 50) 10 51) 7 52) 13 53) 12 54) 8
55) 10 56) 7 57) 9 58) 11 59) 15 60) 11

Day 36:
1) 13 2) 11 3) 8 4) 10 5) 7 6) 13
7) 11 8) 7 9) 17 10) 9 11) 11 12) 16
13) 9 14) 12 15) 6 16) 8 17) 5 18) 14
19) 7 20) 12 21) 10 22) 9 23) 10 24) 5
25) 10 26) 5 27) 5 28) 12 29) 4 30) 9
31) 9 32) 13 33) 14 34) 12 35) 9 36) 20
37) 11 38) 14 39) 7 40) 8 41) 14 42) 14
43) 15 44) 10 45) 15 46) 15 47) 9 48) 8
49) 9 50) 16 51) 16 52) 8 53) 18 54) 10
55) 8 56) 4 57) 11 58) 8 59) 10 60) 9

Answer Key

Day 37:
1) 7 2) 13 3) 4 4) 14 5) 10 6) 15
7) 18 8) 7 9) 8 10) 11 11) 11 12) 1
13) 17 14) 11 15) 6 16) 8 17) 10 18) 4
19) 3 20) 12 21) 14 22) 9 23) 7 24) 18
25) 10 26) 5 27) 16 28) 7 29) 10 30) 9
31) 9 32) 6 33) 16 34) 12 35) 9 36) 10
37) 9 38) 10 39) 7 40) 12 41) 8 42) 8
43) 6 44) 10 45) 7 46) 15 47) 20 48) 14
49) 13 50) 2 51) 6 52) 11 53) 1 54) 6
55) 9 56) 8 57) 13 58) 7 59) 12 60) 3

Day 38:
1) 4 2) 7 3) 4 4) 16 5) 13 6) 8
7) 6 8) 11 9) 9 10) 9 11) 11 12) 18
13) 9 14) 13 15) 6 16) 8 17) 9 18) 15
19) 8 20) 7 21) 10 22) 12 23) 10 24) 5
25) 10 26) 5 27) 12 28) 7 29) 17 30) 10
31) 6 32) 9 33) 11 34) 10 35) 9 36) 7
37) 11 38) 11 39) 9 40) 9 41) 9 42) 12
43) 6 44) 14 45) 17 46) 4 47) 5 48) 11
49) 5 50) 15 51) 13 52) 10 53) 12 54) 20
55) 12 56) 16 57) 7 58) 12 59) 8 60) 14

Day 39:
1) 13 2) 11 3) 14 4) 6 5) 11 6) 14
7) 6 8) 7 9) 2 10) 10 11) 12 12) 7
13) 20 14) 9 15) 9 16) 8 17) 11 18) 7
19) 8 20) 7 21) 18 22) 9 23) 18 24) 8
25) 12 26) 5 27) 13 28) 7 29) 9 30) 9
31) 9 32) 10 33) 6 34) 13 35) 13 36) 11
37) 15 38) 9 39) 13 40) 8 41) 8 42) 8
43) 6 44) 10 45) 16 46) 16 47) 8 48) 7
49) 9 50) 13 51) 5 52) 10 53) 7 54) 14
55) 17 56) 11 57) 12 58) 7 59) 2 60) 10

Day 40:
1) 8 2) 7 3) 4 4) 6 5) 10 6) 17
7) 3 8) 7 9) 2 10) 6 11) 8 12) 18
13) 9 14) 11 15) 6 16) 8 17) 10 18) 11
19) 14 20) 13 21) 2 22) 9 23) 12 24) 9
25) 12 26) 14 27) 9 28) 7 29) 11 30) 9
31) 10 32) 6 33) 6 34) 16 35) 10 36) 6
37) 9 38) 12 39) 7 40) 11 41) 8 42) 2
43) 13 44) 12 45) 3 46) 15 47) 5 48) 14
49) 9 50) 8 51) 15 52) 6 53) 17 54) 13
55) 10 56) 14 57) 5 58) 7 59) 16 60) 9

Day 41:
1) 5 2) 7 3) 2 4) 0 5) 6 6) 4
7) 1 8) 3 9) 0 10) 2 11) 3 12) 8
13) 4 14) 1 15) 1 16) 0 17) 1 18) 6
19) 4 20) 6 21) 7 22) 4 23) 0 24) 5
25) 3 26) 1 27) 1 28) 3 29) 1 30) 2
31) 3 32) 2 33) 4 34) 1 35) 1 36) 0
37) 4 38) 2 39) 1 40) 5 41) 3 42) 7
43) 9 44) 0 45) 5 46) 3 47) 7 48) 5
49) 1 50) 5 51) 2 52) 5 53) 10 54) 3
55) 2 56) 0 57) 1 58) 5 59) 7 60) 3

Day 42:
1) 1 2) 2 3) 4 4) 1 5) 5 6) 1
7) 4 8) 7 9) 5 10) 7 11) 5 12) 1
13) 6 14) 5 15) 3 16) 1 17) 4 18) 3
19) 1 20) 0 21) 10 22) 2 23) 1 24) 1
25) 5 26) 4 27) 6 28) 8 29) 3 30) 1
31) 8 32) 3 33) 9 34) 2 35) 3 36) 2
37) 8 38) 1 39) 1 40) 3 41) 2 42) 0
43) 6 44) 2 45) 5 46) 1 47) 3 48) 3
49) 5 50) 7 51) 4 52) 2 53) 1 54) 0
55) 4 56) 5 57) 0 58) 5 59) 1 60) 1

Day 43:
1) 1 2) 4 3) 2 4) 0 5) 4 6) 5
7) 6 8) 5 9) 5 10) 1 11) 5 12) 6
13) 6 14) 2 15) 8 16) 4 17) 3 18) 5
19) 8 20) 4 21) 0 22) 2 23) 2 24) 2
25) 3 26) 3 27) 3 28) 8 29) 2 30) 5
31) 1 32) 4 33) 4 34) 9 35) 3 36) 6
37) 3 38) 1 39) 7 40) 1 41) 1 42) 6
43) 8 44) 0 45) 3 46) 3 47) 4 48) 2
49) 0 50) 2 51) 2 52) 2 53) 2 54) 4
55) 1 56) 3 57) 5 58) 4 59) 6 60) 5

Day 44:
1) 2 2) 4 3) 1 4) 4 5) 8 6) 3
7) 3 8) 5 9) 9 10) 6 11) 3 12) 2
13) 4 14) 0 15) 6 16) 5 17) 3 18) 2
19) 2 20) 1 21) 1 22) 3 23) 7 24) 4
25) 4 26) 2 27) 6 28) 9 29) 8 30) 4
31) 8 32) 1 33) 9 34) 2 35) 3 36) 3
37) 1 38) 1 39) 1 40) 5 41) 0 42) 1
43) 4 44) 2 45) 7 46) 1 47) 5 48) 1
49) 3 50) 6 51) 3 52) 2 53) 8 54) 1
55) 2 56) 3 57) 5 58) 0 59) 5 60) 5

Day 45:
1) 5 2) 4 3) 8 4) 5 5) 1 6) 3
7) 5 8) 3 9) 8 10) 4 11) 4 12) 1
13) 1 14) 5 15) 9 16) 0 17) 10 18) 6
19) 6 20) 2 21) 2 22) 6 23) 2 24) 2
25) 5 26) 3 27) 5 28) 3 29) 0 30) 3
31) 6 32) 2 33) 8 34) 1 35) 0 36) 4
37) 3 38) 1 39) 6 40) 5 41) 3 42) 7
43) 3 44) 5 45) 1 46) 6 47) 3 48) 2
49) 6 50) 1 51) 3 52) 5 53) 10 54) 5
55) 0 56) 1 57) 4 58) 3 59) 3 60) 4

Day 46:
1) 2 2) 6 3) 6 4) 2 5) 10 6) 1
7) 7 8) 3 9) 0 10) 4 11) 5 12) 1
13) 3 14) 2 15) 2 16) 2 17) 4 18) 1
19) 3 20) 6 21) 6 22) 1 23) 3 24) 1
25) 0 26) 4 27) 5 28) 7 29) 2 30) 2
31) 7 32) 8 33) 4 34) 9 35) 3 36) 1
37) 6 38) 6 39) 5 40) 3 41) 3 42) 0
43) 5 44) 5 45) 2 46) 2 47) 7 48) 1
49) 3 50) 0 51) 4 52) 2 53) 1 54) 6
55) 0 56) 3 57) 3 58) 3 59) 7 60) 2

Day 47:
1) 2 2) 4 3) 3 4) 2 5) 8 6) 3
7) 4 8) 1 9) 5 10) 5 11) 3 12) 9
13) 5 14) 2 15) 6 16) 2 17) 4 18) 6
19) 6 20) 6 21) 10 22) 5 23) 1 24) 4
25) 4 26) 2 27) 7 28) 2 29) 5 30) 4
31) 0 32) 5 33) 9 34) 3 35) 1 36) 3
37) 1 38) 8 39) 5 40) 4 41) 3 42) 8
43) 1 44) 5 45) 4 46) 2 47) 2 48) 1
49) 4 50) 0 51) 3 52) 1 53) 7 54) 5
55) 7 56) 3 57) 1 58) 5 59) 5 60) 5

Day 48:
1) 2 2) 6 3) 1 4) 0 5) 1 6) 1
7) 4 8) 8 9) 1 10) 2 11) 5 12) 0
13) 6 14) 2 15) 2 16) 2 17) 1 18) 5
19) 7 20) 3 21) 0 22) 4 23) 3 24) 1
25) 1 26) 2 27) 1 28) 5 29) 7 30) 2
31) 9 32) 6 33) 6 34) 1 35) 5 36) 3
37) 8 38) 2 39) 1 40) 3 41) 0 42) 8
43) 8 44) 2 45) 5 46) 0 47) 3 48) 5
49) 1 50) 7 51) 5 52) 2 53) 1 54) 0
55) 3 56) 4 57) 4 58) 1 59) 6 60) 2

Day 49:
1) 9 2) 4 3) 8 4) 4 5) 10 6) 6
7) 8 8) 5 9) 8 10) 7 11) 2 12) 4
13) 5 14) 9 15) 9 16) 6 17) 9 18) 5
19) 10 20) 7 21) 4 22) 8 23) 4 24) 2
25) 8 26) 6 27) 1 28) 9 29) 0 30) 3
31) 5 32) 7 33) 8 34) 10 35) 4 36) 7
37) 10 38) 1 39) 6 40) 1 41) 4 42) 6
43) 8 44) 3 45) 9 46) 6 47) 4 48) 6
49) 8 50) 9 51) 8 52) 7 53) 10 54) 7
55) 9 56) 3 57) 7 58) 5 59) 9 60) 6

Day 50:
1) 8 2) 6 3) 8 4) 6 5) 1 6) 2
7) 8 8) 8 9) 6 10) 10 11) 4 12) 3
13) 9 14) 8 15) 9 16) 5 17) 4 18) 5
19) 5 20) 7 21) 3 22) 9 23) 9 24) 1
25) 1 26) 6 27) 7 28) 5 29) 8 30) 1
31) 10 32) 0 33) 8 34) 5 35) 5 36) 9
37) 6 38) 2 39) 6 40) 2 41) 6 42) 4
43) 7 44) 4 45) 7 46) 10 47) 5 48) 5
49) 7 50) 9 51) 3 52) 1 53) 9 54) 5
55) 5 56) 9 57) 6 58) 3 59) 6 60) 2

Day 51:
1) 4 2) 9 3) 3 4) 4 5) 7 6) 7
7) 5 8) 9 9) 7 10) 5 11) 6 12) 2
13) 6 14) 1 15) 6 16) 4 17) 6 18) 2
19) 9 20) 9 21) 10 22) 3 23) 2 24) 10
25) 8 26) 0 27) 8 28) 8 29) 2 30) 6
31) 3 32) 4 33) 7 34) 7 35) 5 36) 5
37) 2 38) 6 39) 3 40) 7 41) 7 42) 8
43) 3 44) 10 45) 4 46) 7 47) 6 48) 1
49) 1 50) 9 51) 2 52) 7 53) 3 54) 10
55) 7 56) 9 57) 9 58) 3 59) 10 60) 9

Day 52:
1) 6 2) 6 3) 1 4) 6 5) 4 6) 4
7) 9 8) 4 9) 7 10) 9 11) 10 12) 8
13) 5 14) 8 15) 2 16) 5 17) 8 18) 7
19) 5 20) 7 21) 8 22) 4 23) 3 24) 1
25) 1 26) 9 27) 7 28) 3 29) 10 30) 6
31) 9 32) 4 33) 7 34) 9 35) 5 36) 0
37) 9 38) 5 39) 8 40) 6 41) 2 42) 1
43) 0 44) 1 45) 5 46) 0 47) 9 48) 7
49) 7 50) 3 51) 5 52) 7 53) 8 54) 2
55) 6 56) 5 57) 6 58) 4 59) 2 60) 9

Day 53:
1) 8 2) 8 3) 8 4) 6 5) 2 6) 4
7) 6 8) 5 9) 8 10) 5 11) 5 12) 4
13) 9 14) 6 15) 2 16) 5 17) 2 18) 2
19) 7 20) 6 21) 3 22) 2 23) 5 24) 7
25) 3 26) 5 27) 9 28) 7 29) 9 30) 9
31) 10 32) 6 33) 9 34) 3 35) 9 36) 9
37) 7 38) 1 39) 6 40) 5 41) 0 42) 4
43) 8 44) 4 45) 9 46) 8 47) 7 48) 2
49) 9 50) 1 51) 4 52) 7 53) 7 54) 5
55) 2 56) 9 57) 3 58) 5 59) 8 60) 3

Day 54:
1) 4 2) 9 3) 7 4) 6 5) 7 6) 3
7) 8 8) 9 9) 9 10) 6 11) 9 12) 3
13) 4 14) 9 15) 5 16) 2 17) 8 18) 7
19) 3 20) 9 21) 10 22) 2 23) 1 24) 7
25) 10 26) 0 27) 6 28) 4 29) 10 30) 1
31) 7 32) 4 33) 8 34) 1 35) 7 36) 7
37) 9 38) 6 39) 5 40) 9 41) 2 42) 5
43) 5 44) 9 45) 3 46) 9 47) 8 48) 6
49) 3 50) 2 51) 0 52) 8 53) 9 54) 3
55) 0 56) 1 57) 3 58) 9 59) 6 60) 9

Day 55:
1) 9 2) 4 3) 3 4) 6 5) 9 6) 3
7) 8 8) 5 9) 8 10) 7 11) 2 12) 4
13) 5 14) 9 15) 9 16) 6 17) 9 18) 5
19) 10 20) 7 21) 4 22) 8 23) 4 24) 2
25) 8 26) 6 27) 1 28) 9 29) 0 30) 3
31) 5 32) 7 33) 8 34) 10 35) 4 36) 7
37) 6 38) 1 39) 10 40) 1 41) 4 42) 6
43) 8 44) 3 45) 9 46) 6 47) 1 48) 6
49) 7 50) 9 51) 8 52) 7 53) 10 54) 8
55) 9 56) 3 57) 7 58) 5 59) 8 60) 9

Day 56:
1) 2 2) 4 3) 9 4) 6 5) 4 6) 5
7) 3 8) 8 9) 6 10) 10 11) 4 12) 8
13) 9 14) 8 15) 9 16) 5 17) 4 18) 6
19) 5 20) 7 21) 3 22) 9 23) 9 24) 1
25) 1 26) 6 27) 7 28) 5 29) 8 30) 1
31) 10 32) 0 33) 8 34) 5 35) 5 36) 9
37) 6 38) 2 39) 6 40) 2 41) 6 42) 4
43) 7 44) 4 45) 2 46) 10 47) 5 48) 5
49) 7 50) 9 51) 3 52) 1 53) 9 54) 5
55) 9 56) 5 57) 6 58) 3 59) 6 60) 7

Day 57:
1) 9 2) 7 3) 7 4) 3 5) 3 6) 2
7) 5 8) 9 9) 7 10) 5 11) 6 12) 2
13) 6 14) 1 15) 6 16) 4 17) 6 18) 6
19) 9 20) 9 21) 10 22) 3 23) 2 24) 10
25) 8 26) 0 27) 8 28) 8 29) 2 30) 6
31) 3 32) 4 33) 7 34) 7 35) 5 36) 5
37) 2 38) 6 39) 3 40) 7 41) 7 42) 8
43) 3 44) 10 45) 4 46) 7 47) 6 48) 1
49) 1 50) 9 51) 2 52) 7 53) 3 54) 10
55) 7 56) 9 57) 9 58) 3 59) 10 60) 9

Day 58:
1) 8 2) 10 3) 5 4) 2 5) 10 6) 4
7) 9 8) 4 9) 7 10) 9 11) 10 12) 8
13) 5 14) 8 15) 2 16) 5 17) 8 18) 7
19) 5 20) 7 21) 8 22) 4 23) 3 24) 1
25) 1 26) 9 27) 7 28) 3 29) 10 30) 6
31) 9 32) 4 33) 7 34) 9 35) 5 36) 0
37) 9 38) 5 39) 6 40) 4 41) 2 42) 1
43) 0 44) 1 45) 5 46) 0 47) 9 48) 7
49) 7 50) 3 51) 3 52) 7 53) 8 54) 2
55) 6 56) 5 57) 9 58) 4 59) 2 60) 9

Day 59:
1) 1 2) 1 3) 7 4) 3 5) 9 6) 8
7) 6 8) 5 9) 8 10) 5 11) 5 12) 4
13) 9 14) 6 15) 2 16) 5 17) 2 18) 2
19) 5 20) 6 21) 3 22) 2 23) 7 24) 7
25) 3 26) 5 27) 9 28) 7 29) 9 30) 9
31) 9 32) 6 33) 9 34) 3 35) 10 36) 9
37) 7 38) 1 39) 6 40) 5 41) 0 42) 4
43) 8 44) 9 45) 6 46) 8 47) 7 48) 2
49) 9 50) 1 51) 4 52) 7 53) 7 54) 5
55) 5 56) 9 57) 3 58) 2 59) 8 60) 3

Day 60:
1) 1 2) 8 3) 2 4) 9 5) 6 6) 5
7) 9 8) 9 9) 9 10) 6 11) 8 12) 3
13) 8 14) 9 15) 5 16) 2 17) 4 18) 7
19) 3 20) 9 21) 10 22) 2 23) 1 24) 7
25) 4 26) 0 27) 6 28) 10 29) 10 30) 1
31) 7 32) 4 33) 8 34) 1 35) 7 36) 7
37) 5 38) 6 39) 9 40) 9 41) 2 42) 5
43) 9 44) 9 45) 9 46) 9 47) 8 48) 6
49) 3 50) 2 51) 0 52) 8 53) 9 54) 3
55) 9 56) 1 57) 3 58) 6 59) 6 60) 9

Day 61:
1) 0 2) 9 3) 3 4) 9 5) 3 6) 9
7) 9 8) 5 9) 8 10) 7 11) 2 12) 4
13) 5 14) 9 15) 10 16) 6 17) 9 18) 5
19) 10 20) 7 21) 4 22) 8 23) 4 24) 2
25) 9 26) 6 27) 1 28) 8 29) 0 30) 3
31) 5 32) 7 33) 8 34) 10 35) 4 36) 7
37) 6 38) 1 39) 10 40) 1 41) 4 42) 6
43) 8 44) 3 45) 9 46) 6 47) 8 48) 6
49) 7 50) 9 51) 8 52) 7 53) 10 54) 8
55) 7 56) 3 57) 9 58) 5 59) 8 60) 6

Day 62:
1) 1 2) 8 3) 8 4) 7 5) 10 6) 3
7) 3 8) 8 9) 6 10) 10 11) 4 12) 8
13) 5 14) 8 15) 9 16) 9 17) 4 18) 6
19) 5 20) 7 21) 3 22) 9 23) 9 24) 1
25) 1 26) 6 27) 7 28) 5 29) 8 30) 1
31) 10 32) 5 33) 8 34) 5 35) 5 36) 9
37) 6 38) 2 39) 6 40) 2 41) 6 42) 4
43) 10 44) 4 45) 2 46) 7 47) 5 48) 5
49) 7 50) 9 51) 3 52) 1 53) 9 54) 5
55) 7 56) 5 57) 6 58) 3 59) 6 60) 9

Day 63:
1) 9 2) 8 3) 7 4) 1 5) 4 6) 3
7) 8 8) 5 9) 8 10) 7 11) 2 12) 4
13) 5 14) 9 15) 9 16) 6 17) 9 18) 5
19) 10 20) 7 21) 4 22) 8 23) 4 24) 2
25) 3 26) 6 27) 1 28) 10 29) 8 30) 1
31) 8 32) 7 33) 5 34) 10 35) 4 36) 7
37) 6 38) 1 39) 9 40) 1 41) 4 42) 6
43) 4 44) 3 45) 9 46) 6 47) 4 48) 6
49) 7 50) 9 51) 9 52) 7 53) 10 54) 8
55) 8 56) 3 57) 7 58) 5 59) 8 60) 6

Day 64:
1) 7 2) 5 3) 9 4) 4 5) 6 6) 2
7) 3 8) 8 9) 6 10) 10 11) 4 12) 8
13) 7 14) 8 15) 9 16) 5 17) 4 18) 3
19) 5 20) 9 21) 3 22) 9 23) 9 24) 1
25) 3 26) 6 27) 7 28) 5 29) 8 30) 1
31) 10 32) 2 33) 8 34) 5 35) 5 36) 9
37) 6 38) 2 39) 6 40) 2 41) 6 42) 4
43) 7 44) 4 45) 2 46) 10 47) 5 48) 5
49) 7 50) 9 51) 3 52) 1 53) 9 54) 5
55) 9 56) 5 57) 6 58) 3 59) 6 60) 7

Day 65:
1) 1 2) 9 3) 7 4) 2 5) 3 6) 2
7) 6 8) 5 9) 8 10) 5 11) 5 12) 4
13) 9 14) 6 15) 2 16) 5 17) 2 18) 2
19) 5 20) 6 21) 3 22) 2 23) 7 24) 7
25) 3 26) 5 27) 9 28) 7 29) 9 30) 9
31) 9 32) 6 33) 9 34) 3 35) 10 36) 9
37) 7 38) 1 39) 6 40) 5 41) 0 42) 4
43) 8 44) 4 45) 9 46) 8 47) 7 48) 2
49) 9 50) 1 51) 4 52) 7 53) 7 54) 5
55) 5 56) 9 57) 3 58) 2 59) 8 60) 3

Day 66:
1) 6 2) 2 3) 7 4) 8 5) 4 6) 6
7) 3 8) 8 9) 6 10) 10 11) 4 12) 8
13) 5 14) 8 15) 9 16) 9 17) 4 18) 6
19) 5 20) 7 21) 2 22) 9 23) 9 24) 1
25) 3 26) 6 27) 7 28) 5 29) 8 30) 1
31) 3 32) 8 33) 8 34) 5 35) 5 36) 5
37) 6 38) 2 39) 6 40) 2 41) 6 42) 4
43) 5 44) 4 45) 10 46) 7 47) 5 48) 10
49) 7 50) 10 51) 3 52) 1 53) 9 54) 5
55) 5 56) 7 57) 6 58) 3 59) 6 60) 9

Day 67:
1) 1 2) 9 3) 5 4) 4 5) 7 6) 2
7) 5 8) 9 9) 7 10) 5 11) 6 12) 2
13) 6 14) 1 15) 6 16) 4 17) 6 18) 4
19) 9 20) 9 21) 10 22) 3 23) 2 24) 10
25) 8 26) 0 27) 8 28) 8 29) 2 30) 6
31) 3 32) 4 33) 7 34) 7 35) 5 36) 5
37) 2 38) 6 39) 3 40) 7 41) 7 42) 8
43) 3 44) 10 45) 4 46) 7 47) 6 48) 1
49) 1 50) 8 51) 2 52) 7 53) 3 54) 10
55) 7 56) 9 57) 9 58) 3 59) 10 60) 9

Day 68:
1) 9 2) 9 3) 6 4) 3 5) 8 6) 7
7) 5 8) 8 9) 6 10) 10 11) 4 12) 8
13) 7 14) 8 15) 9 16) 7 17) 4 18) 6
19) 5 20) 9 21) 3 22) 9 23) 9 24) 2
25) 1 26) 6 27) 7 28) 5 29) 8 30) 1
31) 10 32) 0 33) 8 34) 5 35) 5 36) 9
37) 5 38) 2 39) 6 40) 2 41) 6 42) 6
43) 7 44) 4 45) 2 46) 10 47) 6 48) 5
49) 5 50) 7 51) 3 52) 1 53) 9 54) 5
55) 7 56) 5 57) 4 58) 3 59) 6 60) 7

Day 69:
1) 3 2) 4 3) 7 4) 7 5) 6 6) 6
7) 5 8) 9 9) 7 10) 5 11) 6 12) 2
13) 6 14) 1 15) 6 16) 4 17) 9 18) 10
19) 6 20) 9 21) 10 22) 3 23) 2 24) 10
25) 8 26) 0 27) 8 28) 8 29) 2 30) 6
31) 3 32) 4 33) 7 34) 7 35) 5 36) 5
37) 7 38) 6 39) 3 40) 2 41) 7 42) 8
43) 3 44) 10 45) 4 46) 7 47) 6 48) 1
49) 3 50) 8 51) 2 52) 7 53) 3 54) 7
55) 10 56) 9 57) 9 58) 1 59) 10 60) 9

Day 70:
1) 2 2) 6 3) 5 4) 7 5) 3 6) 8
7) 4 8) 8 9) 6 10) 10 11) 3 12) 8
13) 7 14) 8 15) 9 16) 5 17) 4 18) 3
19) 1 20) 9 21) 3 22) 9 23) 9 24) 5
25) 3 26) 6 27) 7 28) 5 29) 8 30) 1
31) 10 32) 0 33) 8 34) 5 35) 5 36) 9
37) 2 38) 2 39) 6 40) 6 41) 6 42) 4
43) 7 44) 4 45) 2 46) 10 47) 5 48) 5
49) 7 50) 9 51) 3 52) 1 53) 9 54) 5
55) 7 56) 5 57) 6 58) 3 59) 6 60) 7

Day 71:
1) 9 2) 7 3) 5 4) 2 5) 7 6) 3
7) 5 8) 9 9) 7 10) 5 11) 6 12) 2
13) 6 14) 1 15) 6 16) 4 17) 6 18) 2
19) 10 20) 9 21) 10 22) 3 23) 2 24) 9
25) 3 26) 0 27) 8 28) 8 29) 5 30) 6
31) 5 32) 4 33) 7 34) 7 35) 5 36) 3
37) 2 38) 6 39) 3 40) 7 41) 7 42) 8
43) 3 44) 10 45) 4 46) 7 47) 6 48) 1
49) 1 50) 9 51) 2 52) 7 53) 3 54) 10
55) 9 56) 9 57) 9 58) 3 59) 10 60) 7

Day 72:
1) 8 2) 2 3) 3 4) 4 5) 8 6) 2
7) 9 8) 4 9) 7 10) 9 11) 10 12) 8
13) 5 14) 8 15) 2 16) 5 17) 8 18) 7
19) 1 20) 7 21) 8 22) 2 23) 4 24) 5
25) 1 26) 9 27) 7 28) 3 29) 10 30) 6
31) 0 32) 4 33) 7 34) 9 35) 5 36) 9
37) 9 38) 5 39) 8 40) 6 41) 0 42) 1
43) 2 44) 1 45) 5 46) 0 47) 9 48) 7
49) 7 50) 3 51) 3 52) 7 53) 8 54) 2
55) 6 56) 5 57) 6 58) 4 59) 2 60) 9

Answer Key

Day 73:
1) 5 2) 4 3) 4 4) 3 5) 7 6) 6
7) 8 8) 5 9) 8 10) 7 11) 2 12) 4
13) 5 14) 9 15) 9 16) 6 17) 9 18) 5
19) 10 20) 7 21) 4 22) 8 23) 4 24) 2
25) 8 26) 6 27) 1 28) 9 29) 0 30) 3
31) 5 32) 7 33) 8 34) 10 35) 4 36) 7
37) 10 38) 1 39) 6 40) 1 41) 4 42) 6
43) 8 44) 3 45) 9 46) 6 47) 4 48) 6
49) 8 50) 9 51) 8 52) 7 53) 10 54) 7
55) 9 56) 3 57) 7 58) 5 59) 8 60) 6

Day 74:
1) 2 2) 9 3) 6 4) 4 5) 3 6) 4
7) 8 8) 8 9) 6 10) 10 11) 4 12) 3
13) 9 14) 8 15) 9 16) 5 17) 4 18) 6
19) 5 20) 7 21) 3 22) 9 23) 9 24) 1
25) 1 26) 6 27) 7 28) 5 29) 8 30) 1
31) 10 32) 0 33) 8 34) 5 35) 5 36) 9
37) 6 38) 2 39) 6 40) 2 41) 6 42) 4
43) 7 44) 4 45) 7 46) 10 47) 6 48) 4
49) 7 50) 9 51) 3 52) 1 53) 9 54) 5
55) 5 56) 9 57) 6 58) 3 59) 6 60) 2

Day 75:
1) 3 2) 2 3) 0 4) 4 5) 3 6) 0
7) 6 8) 5 9) 8 10) 5 11) 5 12) 4
13) 6 14) 6 15) 2 16) 8 17) 2 18) 2
19) 7 20) 6 21) 3 22) 2 23) 5 24) 7
25) 3 26) 5 27) 9 28) 7 29) 9 30) 9
31) 3 32) 6 33) 9 34) 10 35) 9 36) 9
37) 9 38) 1 39) 6 40) 5 41) 0 42) 4
43) 8 44) 4 45) 9 46) 8 47) 4 48) 2
49) 1 50) 1 51) 4 52) 7 53) 8 54) 5
55) 8 56) 9 57) 3 58) 3 59) 2 60) 3

Day 76:
1) 3 2) 2 3) 0 4) 1 5) 3 6) 0
7) 8 8) 9 9) 9 10) 6 11) 9 12) 3
13) 4 14) 9 15) 5 16) 2 17) 8 18) 7
19) 7 20) 9 21) 10 22) 2 23) 1 24) 8
25) 10 26) 0 27) 6 28) 4 29) 10 30) 1
31) 7 32) 4 33) 8 34) 1 35) 7 36) 7
37) 9 38) 6 39) 5 40) 9 41) 2 42) 5
43) 9 44) 3 45) 6 46) 9 47) 8 48) 6
49) 3 50) 2 51) 0 52) 8 53) 9 54) 0
55) 3 56) 1 57) 9 58) 9 59) 6 60) 9

Day 77:
1) 3 2) 10 3) 6 4) 2 5) 6 6) 6
7) 5 8) 9 9) 7 10) 5 11) 6 12) 2
13) 6 14) 1 15) 6 16) 4 17) 6 18) 4
19) 9 20) 9 21) 10 22) 2 23) 2 24) 10
25) 8 26) 0 27) 8 28) 5 29) 8 30) 1
31) 3 32) 4 33) 7 34) 7 35) 5 36) 5
37) 2 38) 6 39) 3 40) 7 41) 7 42) 8
43) 3 44) 10 45) 4 46) 7 47) 6 48) 1
49) 1 50) 3 51) 2 52) 7 53) 3 54) 10
55) 7 56) 6 57) 9 58) 3 59) 10 60) 9

Day 78:
1) 3 2) 0 3) 4 4) 6 5) 6 6) 3
7) 5 8) 8 9) 6 10) 10 11) 4 12) 8
13) 7 14) 8 15) 9 16) 7 17) 4 18) 6
19) 5 20) 9 21) 3 22) 9 23) 9 24) 2
25) 1 26) 6 27) 7 28) 5 29) 8 30) 1
31) 10 32) 0 33) 8 34) 5 35) 5 36) 9
37) 5 38) 2 39) 6 40) 2 41) 6 42) 6
43) 7 44) 4 45) 2 46) 10 47) 6 48) 5
49) 5 50) 9 51) 3 52) 1 53) 9 54) 5
55) 7 56) 5 57) 4 58) 3 59) 6 60) 7

Day 79:
1) 9 2) 5 3) 10 4) 4 5) 5 6) 9
7) 4 8) 5 9) 8 10) 5 11) 5 12) 6
13) 2 14) 6 15) 2 16) 5 17) 9 18) 2
19) 5 20) 6 21) 3 22) 7 23) 4 24) 7
25) 3 26) 5 27) 9 28) 7 29) 9 30) 9
31) 9 32) 6 33) 9 34) 3 35) 10 36) 9
37) 2 38) 1 39) 6 40) 5 41) 0 42) 9
43) 8 44) 4 45) 9 46) 8 47) 7 48) 2
49) 9 50) 1 51) 4 52) 0 53) 5 54) 5
55) 7 56) 9 57) 3 58) 2 59) 8 60) 3

Day 80:
1) 10 2) 2 3) 3 4) 5 5) 9 6) 3
7) 2 8) 8 9) 6 10) 10 11) 5 12) 8
13) 5 14) 8 15) 9 16) 9 17) 4 18) 6
19) 9 20) 7 21) 2 22) 9 23) 9 24) 1
25) 4 26) 6 27) 7 28) 5 29) 8 30) 1
31) 3 32) 0 33) 8 34) 5 35) 5 36) 9
37) 2 38) 2 39) 6 40) 2 41) 10 42) 4
43) 5 44) 3 45) 10 46) 7 47) 5 48) 10
49) 7 50) 9 51) 3 52) 1 53) 9 54) 5
55) 6 56) 9 57) 6 58) 3 59) 6 60) 9

Day 81:
1) 13 2) 11 3) 14 4) 6 5) 11 6) 14
7) 6 8) 7 9) 2 10) 10 11) 12 12) 1
13) 20 14) 4 15) 6 16) 8 17) 11 18) 7
19) 8 20) 7 21) 18 22) 9 23) 18 24) 8
25) 12 26) 5 27) 13 28) 7 29) 9 30) 9
31) 3 32) 4 33) 7 34) 7 35) 5 36) 5
37) 2 38) 6 39) 3 40) 7 41) 7 42) 8
43) 3 44) 10 45) 4 46) 7 47) 6 48) 1
49) 1 50) 9 51) 2 52) 7 53) 3 54) 10
55) 7 56) 9 57) 9 58) 3 59) 10 60) 9

Day 82:
1) 8 2) 7 3) 4 4) 6 5) 10 6) 10
7) 3 8) 7 9) 2 10) 6 11) 8 12) 18
13) 9 14) 11 15) 6 16) 8 17) 10 18) 11
19) 14 20) 13 21) 2 22) 9 23) 12 24) 9
25) 12 26) 14 27) 9 28) 7 29) 11 30) 9
31) 9 32) 4 33) 7 34) 9 35) 5 36) 0
37) 9 38) 5 39) 8 40) 6 41) 2 42) 1
43) 0 44) 1 45) 5 46) 0 47) 9 48) 7
49) 7 50) 3 51) 3 52) 4 53) 8 54) 2
55) 6 56) 5 57) 6 58) 4 59) 2 60) 9

Day 83:
1) 7 2) 13 3) 4 4) 14 5) 10 6) 15
7) 18 8) 7 9) 8 10) 11 11) 11 12) 1
13) 17 14) 11 15) 6 16) 8 17) 10 18) 4
19) 3 20) 12 21) 14 22) 9 23) 7 24) 18
25) 10 26) 11 27) 16 28) 7 29) 10 30) 9
31) 10 32) 6 33) 9 34) 3 35) 9 36) 9
37) 7 38) 1 39) 6 40) 5 41) 0 42) 4
43) 8 44) 4 45) 9 46) 8 47) 7 48) 2
49) 9 50) 1 51) 4 52) 4 53) 7 54) 5
55) 2 56) 9 57) 3 58) 5 59) 8 60) 3

Day 84:
1) 4 2) 7 3) 4 4) 16 5) 13 6) 8
7) 6 8) 11 9) 9 10) 9 11) 11 12) 18
13) 9 14) 13 15) 6 16) 8 17) 9 18) 15
19) 8 20) 7 21) 10 22) 12 23) 10 24) 5
25) 10 26) 7 27) 12 28) 7 29) 17 30) 10
31) 7 32) 4 33) 8 34) 1 35) 7 36) 7
37) 9 38) 6 39) 5 40) 9 41) 2 42) 5
43) 5 44) 9 45) 3 46) 9 47) 8 48) 6
49) 3 50) 2 51) 0 52) 8 53) 9 54) 3
55) 0 56) 1 57) 3 58) 9 59) 6 60) 9

Day 85:
1) 16 2) 11 3) 4 4) 18 5) 14 6) 13
7) 10 8) 7 9) 9 10) 6 11) 6 12) 13
13) 9 14) 12 15) 6 16) 8 17) 11 18) 8
19) 10 20) 7 21) 2 22) 9 23) 14 24) 5
25) 12 26) 5 27) 3 28) 7 29) 15 30) 9
31) 5 32) 7 33) 8 34) 10 35) 4 36) 7
37) 6 38) 1 39) 10 40) 1 41) 4 42) 6
43) 8 44) 3 45) 9 46) 6 47) 4 48) 6
49) 7 50) 9 51) 8 52) 7 53) 10 54) 8
55) 9 56) 3 57) 7 58) 5 59) 8 60) 6

Day 86:
1) 13 2) 11 3) 8 4) 10 5) 7 6) 13
7) 11 8) 7 9) 17 10) 9 11) 11 12) 16
13) 9 14) 12 15) 6 16) 16 17) 10 18) 14
19) 7 20) 12 21) 15 22) 9 23) 10 24) 5
25) 10 26) 5 27) 3 28) 12 29) 4 30) 9
31) 10 32) 0 33) 8 34) 5 35) 5 36) 9
37) 6 38) 2 39) 6 40) 2 41) 6 42) 4
43) 7 44) 4 45) 2 46) 10 47) 5 48) 5
49) 7 50) 9 51) 3 52) 1 53) 9 54) 5
55) 9 56) 5 57) 6 58) 3 59) 6 60) 7

Day 87:
1) 8 2) 14 3) 16 4) 6 5) 8 6) 10
7) 6 8) 7 9) 2 10) 15 11) 8 12) 15
13) 13 14) 13 15) 7 16) 12 17) 9 18) 10
19) 10 20) 7 21) 2 22) 12 23) 9 24) 5
25) 16 26) 8 27) 14 28) 7 29) 11 30) 9
31) 3 32) 4 33) 7 34) 7 35) 5 36) 5
37) 2 38) 6 39) 3 40) 7 41) 7 42) 8
43) 3 44) 10 45) 4 46) 7 47) 6 48) 1
49) 1 50) 9 51) 2 52) 7 53) 3 54) 10
55) 7 56) 9 57) 9 58) 3 59) 10 60) 9

Day 88:
1) 12 2) 8 3) 9 4) 9 5) 12 6) 11
7) 11 8) 7 9) 2 10) 12 11) 8 12) 16
13) 9 14) 17 15) 6 16) 8 17) 5 18) 10
19) 11 20) 7 21) 12 22) 9 23) 14 24) 5
25) 9 26) 5 27) 13 28) 7 29) 4 30) 10
31) 9 32) 4 33) 7 34) 9 35) 5 36) 0
37) 9 38) 5 39) 8 40) 6 41) 2 42) 1
43) 0 44) 1 45) 5 46) 0 47) 9 48) 7
49) 3 50) 3 51) 3 52) 7 53) 8 54) 2
55) 6 56) 5 57) 6 58) 4 59) 2 60) 9

Day 89:
1) 10 2) 17 3) 12 4) 9 5) 9 6) 10
7) 6 8) 13 9) 8 10) 6 11) 13 12) 16
13) 9 14) 20 15) 6 16) 11 17) 10 18) 12
19) 12 20) 7 21) 10 22) 18 23) 6 24) 5
25) 16 26) 8 27) 6 28) 7 29) 6 30) 9
31) 9 32) 6 33) 9 34) 3 35) 10 36) 9
37) 7 38) 1 39) 6 40) 5 41) 0 42) 4
43) 8 44) 4 45) 9 46) 8 47) 7 48) 2
49) 9 50) 1 51) 4 52) 7 53) 7 54) 5
55) 5 56) 9 57) 3 58) 2 59) 8 60) 3

Day 90:
1) 12 2) 6 3) 8 4) 13 5) 14 6) 10
7) 18 8) 7 9) 2 10) 6 11) 6 12) 11
13) 13 14) 11 15) 6 16) 8 17) 16 18) 4
19) 3 20) 7 21) 10 22) 12 23) 17 24) 5
25) 10 26) 16 27) 6 28) 7 29) 9 30) 9
31) 7 32) 4 33) 8 34) 1 35) 7 36) 7
37) 5 38) 6 39) 9 40) 9 41) 2 42) 5
43) 5 44) 9 45) 9 46) 9 47) 8 48) 6
49) 3 50) 2 51) 0 52) 8 53) 9 54) 3
55) 9 56) 1 57) 3 58) 6 59) 6 60) 9

Answer Key

Day 91:
1) 12 2) 14 3) 8 4) 7 5) 7 6) 8
7) 12 8) 7 9) 10 10) 6 11) 12 12) 14
13) 11 14) 4 15) 13 16) 8 17) 9 18) 4
19) 15 20) 11 21) 11 22) 17 23) 10 24) 9
25) 0 26) 5 27) 16 28) 7 29) 4 30) 9
31) 5 32) 7 33) 8 34) 10 35) 4 36) 7
37) 6 38) 1 39) 10 40) 1 41) 4 42) 6
43) 8 44) 3 45) 9 46) 6 47) 8 48) 6
49) 4 50) 9 51) 8 52) 7 53) 10 54) 8
55) 9 56) 3 57) 9 58) 5 59) 8 60) 6

Day 92:
1) 13 2) 12 3) 12 4) 11 5) 20 6) 15
7) 8 8) 16 9) 2 10) 8 11) 10 12) 17
13) 9 14) 10 15) 6 16) 8 17) 5 18) 4
19) 15 20) 7 21) 2 22) 9 23) 11 24) 13
25) 9 26) 5 27) 3 28) 7 29) 4 30) 9
31) 10 32) 0 33) 8 34) 5 35) 5 36) 9
37) 6 38) 2 39) 6 40) 2 41) 6 42) 4
43) 10 44) 4 45) 2 46) 7 47) 5 48) 5
49) 7 50) 9 51) 3 52) 1 53) 9 54) 5
55) 7 56) 5 57) 6 58) 3 59) 6 60) 9

Day 93:
1) 10 2) 17 3) 11 4) 10 5) 13 6) 9
7) 9 8) 4 9) 2 10) 6 11) 9 12) 11
13) 9 14) 15 15) 6 16) 8 17) 5 18) 12
19) 16 20) 7 21) 7 22) 16 23) 18 24) 5
25) 12 26) 5 27) 12 28) 7 29) 7 30) 12
31) 8 32) 7 33) 5 34) 10 35) 4 36) 7
37) 6 38) 1 39) 9 40) 1 41) 4 42) 6
43) 8 44) 3 45) 9 46) 6 47) 4 48) 6
49) 8 50) 5 51) 9 52) 7 53) 10 54) 8
55) 8 56) 3 57) 7 58) 5 59) 8 60) 6

Day 94:
1) 9 2) 10 3) 12 4) 15 5) 9 6) 12
7) 6 8) 7 9) 12 10) 6 11) 11 12) 1
13) 9 14) 10 15) 6 16) 8 17) 5 18) 4
19) 15 20) 13 21) 8 22) 11 23) 16 24) 16
25) 10 26) 5 27) 14 28) 7 29) 4 30) 9
31) 10 32) 0 33) 8 34) 5 35) 5 36) 9
37) 6 38) 2 39) 6 40) 2 41) 6 42) 4
43) 7 44) 4 45) 2 46) 10 47) 5 48) 5
49) 5 50) 8 51) 3 52) 1 53) 9 54) 2
55) 9 56) 5 57) 6 58) 3 59) 6 60) 7

Day 95:
1) 10 2) 9 3) 7 4) 8 5) 8 6) 13
7) 11 8) 7 9) 2 10) 6 11) 16 12) 9
13) 9 14) 12 15) 6 16) 16 17) 4 18) 10
19) 12 20) 7 21) 15 22) 9 23) 8 24) 14
25) 11 26) 5 27) 13 28) 15 29) 9 30) 17
31) 9 32) 6 33) 9 34) 3 35) 10 36) 9
37) 7 38) 1 39) 6 40) 5 41) 0 42) 4
43) 8 44) 4 45) 9 46) 8 47) 7 48) 2
49) 9 50) 1 51) 4 52) 7 53) 7 54) 7
55) 5 56) 9 57) 5 58) 2 59) 8 60) 3

Day 96:
1) 0 2) 8 3) 14 4) 9 5) 10 6) 16
7) 8 8) 10 9) 13 10) 12 11) 7 12) 15
13) 11 14) 4 15) 6 16) 8 17) 5 18) 11
19) 8 20) 17 21) 20 22) 9 23) 15 24) 11
25) 10 26) 5 27) 8 28) 12 29) 4 30) 9
31) 3 32) 0 33) 8 34) 5 35) 5 36) 9
37) 6 38) 2 39) 6 40) 2 41) 6 42) 4
43) 5 44) 4 45) 10 46) 7 47) 5 48) 10
49) 9 50) 2 51) 3 52) 1 53) 9 54) 5
55) 5 56) 7 57) 6 58) 2 59) 6 60) 9

Day 97:
1) 10 2) 13 3) 13 4) 6 5) 11 6) 11
7) 18 8) 7 9) 0 10) 14 11) 11 12) 16
13) 11 14) 8 15) 6 16) 8 17) 12 18) 9
19) 7 20) 7 21) 6 22) 14 23) 14 24) 5
25) 10 26) 10 27) 3 28) 7 29) 15 30) 11
31) 3 32) 4 33) 7 34) 7 35) 5 36) 5
37) 2 38) 6 39) 3 40) 7 41) 7 42) 8
43) 3 44) 10 45) 4 46) 7 47) 6 48) 1
49) 1 50) 9 51) 2 52) 7 53) 3 54) 10
55) 7 56) 9 57) 9 58) 6 59) 10 60) 9

Day 98:
1) 17 2) 12 3) 9 4) 10 5) 10 6) 13
7) 13 8) 12 9) 16 10) 6 11) 8 12) 9
13) 9 14) 14 15) 6 16) 8 17) 5 18) 11
19) 8 20) 7 21) 11 22) 10 23) 5 24) 10
25) 11 26) 16 27) 12 28) 7 29) 4 30) 9
31) 10 32) 0 33) 8 34) 5 35) 5 36) 9
37) 5 38) 2 39) 6 40) 2 41) 6 42) 5
43) 7 44) 4 45) 2 46) 10 47) 6 48) 5
49) 5 50) 3 51) 3 52) 1 53) 9 54) 5
55) 7 56) 5 57) 4 58) 7 59) 6 60) 7

Day 99:
1) 18 2) 14 3) 9 4) 13 5) 9 6) 14
7) 6 8) 7 9) 7 10) 10 11) 10 12) 17
13) 6 14) 14 15) 9 16) 8 17) 11 18) 4
19) 0 20) 7 21) 11 22) 9 23) 15 24) 5
25) 16 26) 11 27) 11 28) 7 29) 12 30) 12
31) 3 32) 4 33) 7 34) 7 35) 5 36) 5
37) 7 38) 6 39) 3 40) 2 41) 7 42) 8
43) 3 44) 10 45) 4 46) 7 47) 6 48) 1
49) 3 50) 9 51) 2 52) 7 53) 3 54) 7
55) 10 56) 9 57) 9 58) 5 59) 10 60) 9

Day 100:
1) 4 2) 14 3) 4 4) 9 5) 14 6) 10
7) 18 8) 7 9) 15 10) 6 11) 6 12) 11
13) 8 14) 16 15) 6 16) 10 17) 12 18) 4
19) 11 20) 7 21) 2 22) 9 23) 15 24) 5
25) 11 26) 5 27) 16 28) 7 29) 4 30) 9
31) 10 32) 0 33) 8 34) 5 35) 5 36) 9
37) 2 38) 2 39) 6 40) 6 41) 6 42) 4
43) 7 44) 4 45) 2 46) 10 47) 5 48) 5
49) 7 50) 9 51) 3 52) 1 53) 9 54) 5
55) 7 56) 5 57) 6 58) 6 59) 6 60) 7

Manufactured by Amazon.ca
Bolton, ON